웨스트민스터 소요리문답 짧은해설

웨스트민스터 소요리문답
짧은해설

1판 1쇄 발행 2021. 5. 25

지은이 채명준
펴낸이 김기영
펴낸곳 도서출판 영음사

출판등록 2011. 3. 1 제251-2011-14호
주소   경기도 수원시 권선구 권선동 964-13, 302호
전자우편 biblecomen@daum.net
전화   031) 233-1401, 1402
팩스   031) 233-1409

ISBN 978-89-7304-166-4 03230

책값은 뒤표지에 있습니다.

웨스트민스터 소요리문답 짧은해설

도서출판 **영음사**

알아두기

교리공부를 시작하면서 꼭 알아두어야 할 것이 있습니다. 교회 문서들은 성경과 달리 영감되지 않은 문서이고, 어찌 보면 '교과서'이기보다는 '문제풀이집'에 해당합니다. 오늘날의 성적 위주의 공부 패턴, 곧 '문제풀이'에 집중하여 실력보다 득점에만 매달리는 학습 마인드를 경계해야 합니다. 하나님 앞에서는 학습 성취도가 아니라 일상적 삶에서 신앙적 장성의 분량, 즉 주어진 여건에서 겪게 되는 약함의(고후 13:4) 서러움을 얼마나 참아내느냐로 평가됩니다. 지혜와 성화의 자람에는 성경 말고는 다른 참고서가 없습니다. 성령님께서는 말씀을 통해서만 가르치시기 때문입니다. 인용한 근거 본문구절(text proof)을 착실하게 찾아 상고하시기 바랍니다. 그 성경구절에서 문답을 이끌어낸 작성자들이 그 구절에서 받은 감화와 감동, 그리고 희열을 그대로 맛볼 수 있어야 합니다.

· · ·

네가 이것으로 형제를 깨우치면
그리스도 예수의 좋은 일꾼이 되어
믿음의 말씀과 네가 따르는 좋은 교훈으로 양육을 받으리라.

딤전 4:6

서론

웨스트민스터 소요리문답 소개

종교개혁 이후 이른바 신앙고백 시대를 맞이하여 많은 교리문답서(catechism)가 탄생합니다. 신앙고백은 교리를 형성하였고, 이 교리를 바로 교인들에게 가르쳐야 했기 때문입니다. 교리교육은 무엇보다도 제일 시급하고 중요한 교회의 직무이기도 합니다.

교리[1]란 "기독교의 원리"를 줄인 말로 '성경이 일러주는 객관적 교훈'을 의미합니다. 이 중에서 중요한 것만을 추려내 요약한 내용을 요리(要理: 요점/요약 교리)라고 부르기도 합니다. 혹은 방대한 성경의 가르침을 간추려 낸 원리라는 말도 됩니다. 주님의 교회가 오랜 동안 시행착오를 겪는 가운데 성경에 함유된 필수 영양소가 손실 없도록 맛있게 조리한, 영혼을 위한 신령한 요리인 셈입니다.

요리문답서(catechism), 또는 "문답식 요리 교재"는 묻고 답하는 방식으로 가르침 또는 엮어냄을(catechizing) 뜻합니다. 그 작성자가 문제를 만들어 출제하고, 출제자가 바로 모범답안을 만들어 엮은 교재입니다.

---

[1] 기독교의 교리는 성경이 말해주는 객관적인 가르침을 말합니다(R. T. 켄달). 이 교리에 해당하는 전문 용어는 신학자에 따라서, '교의학'(바빙크, 바르트, 브룬너), '조직신학'(벌코프, 하지, 스트롱), 그리고 '신학체계'(반틸) 등으로 불리기도 합니다.

문답식 교수법²은 질문에 연이어 대답을 제공함으로써 문제의 핵심에 쉽고 빠르게 도달하게 합니다. 특히 천상의 사건이나 영적인 내용처럼 피교육자가 경험하거나 배운 적이 없어 낯설고 생소한 경우에, 잘 이해하고 확실하게 알게 하는 데 효과적인 정보 전달기술입니다. 이것이 아마도 성경 어법에 의문문이 많이 등장하는 이유일 것입니다. 성경에서 계시를 받아 아는 자가 모르는 자에게 질문하여 문제의식이나 관심을 일깨우고, 그가 되물어(속으로) 정신을 차리고 해답을 갈망할 때 정답을 가르치는 효과적인 방법이기 때문입니다(계 7:13, 14).

많은 요리문답서들은 그것이 작성된 장소로 서로 구별합니다. 즉 작성 장소의 이름을 따서「하이델베르크 요리문답서」,「제네바 요리문답서」 등과 같이 부릅니다.「웨스트민스터 요리문답서」는 영국 런던에 있는 웨스트민스터 사원(Westminster Abbey)에서 작성되었다는 말입니다. 이 요리문답서는 교육 대상에 따라 난이도를 달리하여 내용의 길이와 깊이가 다른 두 가지로 나누어 작성하였습니다. 비교적 큰 것(196개 문답)이 '대(大, the larger)요리문답', 보다 짧은 것(107개 문답)이 '소(小 the shorter)요리문답'입니다. 그래서「웨스트민스터 소요리문답」은 굳이 장소를 표시하지 않고 그냥「소요리문답」으로 부릅니다.

---

2 세간에서 '소크라테스(주전 470-399)의 교육방법' 또는 '철학하는 방법'이라고 말하기도 합니다. 추상적인 문제를 직설적 서술이나 설명 대신(일방적 주입식과 대조), 묻고 대답하는 대화 형식을 중심으로 학습을 진행하는 방식입니다. 공자(주전 551-479)의 "가어(家語, 문하생들과의 문답서)"에도, 플라톤(주전 427-347)의 "대화편"에도 채용되어 사상과 교훈을 후학들에게 전수하는 '철학하는 방법'이었습니다. 이들보다 거의 1500년 이전 사람인 욥이 고난에 대한 주제를 다루는 욥기를 보면 담담한 사실적 서술에 여럿이(하나님까지 6자) 벌이는 문답식 대화의 토론을 만납니다. 많은 부분이 질문 문장으로(영어성경 NIV, 욥기에는 245개의 의문부호[?]가 나타남) 되어 있습니다.

「소요리문답서」[3]는 초신자와 청소년용 교재로, 내용이 비교적 쉽고 짧게 요약된 교리문답서입니다. 본 교회 문서의 특징을 들자면

1. 아마도 제일 나중에(1648년) 작성되었으므로 가장 잘 정리된 교리문답서입니다. 칼빈의 제네바 요리문답(1546년)과 하이델베르크 요리문답(1563년) 이후에 작성되었으며, 칼빈의 기독교 강요(1536, 결정판1559)보다는 80여 년 후에 작성되었습니다.
2. 스코틀랜드, 영국, 아일랜드의 세 나라(적어도 국제적 성격) 교회의 신앙 일치의 일환으로 작성되고 승인되었습니다.
3. 한두 사람에 의해서 제정된 것이 아니라 많은 사람들의 공동작업의 소산입니다. 경건한 성직자 121명, 상원의원 10명, 하원의원 20명, 그리고 스코틀랜드 교회에서 목사 5명, 장로 3명 등 총 159명의 총대들로 구성되었습니다.
4. 주후 1643년 7월 1일부터 1649년 2월 22일까지 거의 5년 8개월 동안에, 1,163차의 난상공론(爛商公論)을 통해 작성된 다섯 개의 웨스트민스터 표준문서들 중 하나입니다.
    1) 예배모범, The Directory for the Public Worship of God(1645년)
    2) 교회정치규범, The form of Church-government(1645년)
    3) 신앙고백서, The Confession of Faith(1647)
    4) 대요리문답, The Larger Catechism(1648)

---

[3] Shorter Catechism: An elementary book containing a summary of the principles of the Christian religion in the form of questions and answers.(소요리문답서는 기독교의 여러 원리를 요약한 초보적 입문서입니다.) "요리(요점, 또는 중요 교리)문답"으로 번역된 원문은 "캐티키즘(catechism),독일어(katechismus)"이며, '교리'라는 말을 싫어하는 분들을 위해 "신앙교육"이라고도 번역되었습니다.

5) 소요리문답, The Shorter Catechism(1648)

이 외에 가정예배 모범(The Directory for Family-Worship)이 있음.

5. 장로교 정치체제(스코틀랜드)에 바탕을 두고, 하나님의 주권과 사람의 책임을 강조한 청교도적인 문서로 그 동안 많은 신학적 논쟁에서 다룬 문제점들을 해결하거나 밝혀낸 답들이 포함되어 있습니다.
6. 원문이 영어로 작성된 문서라는 점이 아마도 제일 중요한 장점일 것입니다.[4]
7. 각 교리문답서마다 강조하는 신학적 주제가 다를 수 있으므로 이 총괄 목적을 요리문답의 출발점(제1문답)으로 삼는 것이 일반적인가 봅니다. 하이델베르크 요리문답에서 '위로'가 그러하듯이, 웨스트민스터 요리문답서에서는 '하나님의 영광'이 전체를 꿰뚫고 지나가는 주제라고 합니다.

하나님의 본질적 영광이 보좌로부터 발원하여 '바라'(창조)를 통해 온 하늘과 땅에 충만하더니, 드디어 인간창조 목적에 꽂혀 인간의 운명으로 꽃망울을 맺습니다. 인간의 존재로 말미암아 하나님의 영광은 크게 증폭되어, 전에 없던 창조주의 기쁨과 즐거움으로 결실하게 됩니다. 하나님으로부터 전가된 인간의 영광은 지금도 보혈의 십자가를 둘러 적시고 우리의 믿음과 소망에 홍건하여, 하나님 영광의 극치를 이루어 하나님을 기쁘시게 하기 때문입니다.

---

[4] 우리들에게 표준이 되는 여타 문서로는 (1) "벨기에 신앙고백, 1561, Confessio Belgica" (네덜란드어). 벨기에는 지금의 네덜란드와 벨기에가 분리되기 전의 통일 네덜란드를 말함. (2) "하이델베르크 교리문답, 1563, Heidelberger Katechismus"(독일어) (3) "도르트 신경,1619, Dordrechter Canones"(네덜란드어)등이 있습니다.

승인문서

소요리문답;

웨스트민스터에 모인 성역자(聖役者) 총회에서, 스코틀랜드 교회에서 파송한 대표들의 협조로 스코틀랜드, 영국, 아일랜드 세 나라 그리스도 교회 간에 약속한 신앙 일치의 일환으로 가결됨.
주후 1648년 스코틀랜드 교회 총회에서 이해력이 연약한 자들을 가르치는 안내서로 승인됨.

The Shorter Catechism;
Agreed upon by the Assembly of Divines at Westminster with the assistance of commissioners from the Church of Scotland,
As a part of the covenanted uniformity in religion
Betwixt the Churches of Christ in the Kingdoms
Scotland, England, and Ireland.

And

Approved Anno 1648, by the General Assembly of the Church of Scotland,
To be a directory for catechising such
as are of weaker capacity.

with

The proofs from the Scripture.

에딘버러 총회, 1648년 7월 28일, 회기 19
소요리문답을 승인하는 법령

본 총회는 웨스트민스터에 모인 성역자 총회에서 본 교회 대표들의 협조로 가결한 소요리문답을 신중히 고려하고 검토한 바 이에 상술한 요리문답의 필요한 검정 과정을 마친 결과 하나님의 말씀에 일치하고 본교회가 받은 교리와 예배와 권징과 행정에 위배되는 면이 조금도 없으므로, 언급한 소요리문답을 원하는 바 신앙 일치의 일환으로 인정하여 능력이 연약한 자들을 교육시키는 안내서로 일치 가결함.

Assembly at EDINBURGH, July, 28, 1648. Sess. 19.

Act approving the SHORTER CATECHISM.

The General Assembly having seriously considered the SHORTER CATECHISM agreed upon by the Assembly of Divines sitting at Westminster, with assistance of Commissioners from this Kirk; do find, upon due examination thereof, that the said Catechism is agreeable to the word of God, and in nothing contrary to the received doctrine, worship, discipline, and government of this Kirk: And therefore approve the said Shorter Catechism, as apart of the intended uniformity, to be a Directory for catechizing such as are of weaker capacity.

A. KER.

추천사

*가나다 이름 순으로 수록

공현식 • 진성교회 담임 목사

저자는 제가 알기로 성경을 가장 많이 읽은 분입니다. 성경은 한 분 하나님이 주신 말씀이므로 신구약 성경 전체가 통일성이 있습니다. 그러므로 성경은 성경으로 해석해야 합니다. 저자는 철저하게 하나님 말씀 계시에 의존하여 본서를 저술하였습니다. 저자는 교회에 절실하게 필요한 것이 신구약 성경 전체를 일관성 있게 체계적으로 정리한 교리라는 것을 절감하고 오직 교회를 사랑하는 마음으로 진력하여 소요리문답 해설서를 저술하였습니다. 이미 십여 년 전에 탈고한 원고지만 최근 주님이 부르시는 날까지 쉬지 않고 연구 보완하였습니다. 교회가 개혁신앙 위에 세워지기를 바라는 마음을 담아 평생 헌신적으로 집필하신 역작입니다. 본서의 특색은 "만물이 주에게서 나오고 주로 말미암고 주에게로 돌아감이라"라는 말씀대로 문장과 단어 하나하나에 이르기까지 하나님 중심으로 각 문답을 해설하고, 과학자로서 필요한 경우에 과학적 설명을 시도했다는 점입니다. 본서를 펼쳐서 차분하게 읽어 보시면 틀림없이 놀라운 깨달음과 감동의 은혜가 있을 것입니다.

김병훈 • 합동신학대학원대학교 조직신학 교수

매우 기쁜 마음으로 이 귀한 책을 추천합니다. 우선 웨스트민스터 소요리문답은 그 가치가 실로 중요합니다. 소요리문답은 신앙고백서, 대요리문답, 정치조례와 예배모범으로 구성된 장로교회의 신앙 표준문서 가운데 하나입니다. 특별히 소요리문답은 장로교회의 교인교육을 위한 것이면서도 어린이와 초신자를 교육할 목적으로 작성되었다는 점에서 특별한 의미를 갖습니다. 소요리문답이 '소'요리문답으로 불리는 까닭은 대요리문답에 비하여 문항의 수가 적고,

답변의 길이가 짧기 때문입니다. 소요리문답은 107개 문답으로 구성되어 있으며, 대요리문답의 문항 수는 196개에 이릅니다.

고 채명준 장로님께서 해설한 이 소요리문답 해설서는 다음과 같은 몇 가지 특징으로 책의 가치를 빛내주고 있습니다. 무엇보다 이 책은 소요리문답의 원문이 말하고자 하는 뜻을 정확하게 번역하여 제시하고 있습니다. 신학적 엄밀성이 요구되는 표준문서의 번역은 대단히 신중함을 기울여야 하는데, 이 책은 이러한 필요를 적절하고도 훌륭하게 반영하고 있습니다. 아울러 이 책은 각 문답을 해설하면서 관련된 신학 주제에 대하여 개혁신학의 이해를 요약된 형태로 제시하여 주고 있습니다. 이 해설은 개혁신학의 이해에 충실하며 정확하기 때문에 신뢰할 수 있습니다. 특별히 저자는 신학 주제에 대한 정확한 이해를 위하여 나름의 방식으로 노력한 증거를 책 전체에 걸쳐서 보여주고 있으며, 이러한 특징 또한 독자의 이해를 돕는 데 커다란 도움이 될 것으로 판단합니다.

더 나아가 이 책 한 권을 숙독하고 내용을 정리하면 개혁신학의 요체를 잘 갖추게 되는 유익을 얻을 것입니다. 이 책은 요약된 형식으로 각 문답의 이해에 필요한 설명을 잘 담아 제시하고 있기 때문입니다. 아마도 한국인 저자가 풀이한 해설서 가운데 이 책만큼 신학적 내용을 풍성하게 드러내면서도 간명하게 정리한 해설서는 없을 듯합니다. 온 가족의 신앙교육을 위하여 각 가정마다 가까이 두고 읽어 익히기를 바라는 마음에 적극적으로 추천합니다.

김학유 • 합동신학대학원대학교 총장

먼저 학자로서 평생 과학과 성경 연구를 통해 얻으신 영적 통찰들을 담은 귀한 책을 유산으로 남기신 장로님의 노고에 깊은 찬사를 올려드립니다. 이 해설서는 보편적인 신학자들의 것과 달리 과학자만 지닐 수 있는 탁월한 분석력과 명료함을 담고 있습니다. 문장이 지나치게 장황하거나 복잡하지 않고, 기독교의 핵심적인 교리만 간단하고 분명하게 다루고 있습니다. 화려하지는 않지만 어느 해설서보다도 기독교의 핵심적인 교리를 잘 담아내고 있습니다. 도표를 이

용하여 소요리문답을 보다 이해하기 쉽고 간편하게 정리하여 설명하신 부분은 매우 독창적이라 할 수 있습니다. 이러한 시도는 자칫 복잡하고 어려워 보이는 교리들을 단번에 이해하는 데 큰 도움을 줍니다.

이 책은 기독교의 기본 진리에 대한 궁금증을 지니고 있는 분들에게 기초적이면서도 필수적인 기독교 교리들을 간단하고 선명하게 제시해 주는 책입니다. 이 책은 기독교를 단 기간에 빠르고 쉽게 이해하기를 원하는 사람들에게 매우 유용한 책입니다. 영적 기근으로 인해 진리에 목말라 있는 분들과 기독교에 대한 궁금증을 지니고 있는 비기독교인들이나 평신도들에게 일독을 권하고 싶습니다.

박삼열 • 송월교회 담임 목사 ◇◇◇◇◇◇◇◇◇◇◇◇◇◇◇◇◇◇◇◇◇◇◇◇◇◇

저는 이 책이 출간되기를 가장 원했던 목사 중의 하나입니다. 채명준 박사님은 하나님의 섭리 속에서 아주 이른 나이에 이학 박사가 됩니다. 그 후 그는 김영길 박사와 함께 한국창조과학회를 시작합니다. 그러는 동안에 그는 수천 번 성경을 완독합니다. 거의 비슷한 시기에 그는 합동신학대학원에서 신학을 공부합니다. 당시 원장이셨던 박윤선 목사님은 자신이 목회하는 교회의 대학청년부 지도를 채박사님에게 맡깁니다. 일찍부터 그는 청년대학생들에게 바른 신앙을 전수하는 일의 중요성과 교리를 품는 일의 가치를 강조하곤 했습니다. 그 때의 청년들은 지금 곳곳에서 훌륭한 성도와 사역자로 섬기고 있습니다. 이 해설서를 대하는 이들은 실제 목회 현장에서 청년대학생들을 지도한 풍부한 경험이 녹아있는 것을 알게 될 것입니다. 후기현대 목회 현장에서 일하는 사역자들에게 아주 유용한 책이 될 것입니다. 실제로 주님의 부름을 받기까지 몇 년 동안 그는 제가 목회하는 교회에서 성도들에게 위 해설서를 강의했습니다. 감성과 불신의 시대적 분위기에 빠져 있기 쉬운 성도들은 그의 강의와 논증을 통해 하나님 앞에 견고히 서기 시작했습니다. 곧 느끼시겠지만 그의 해설서의 특장점 중의 하나는 단어의 정교한 해설이라고 생각합니다. 과학자의 은사라고 생각합니다. 뿐만 아니라 그가 사용하는 자료는 교회사의 올곧은 선조들의 자료를 풍성하게 넘나듭니다. 우리 교회 성도들은 저자와 함께 공부하면서 아주 복스럽고 견고한 성도들이 되었습니다. 그리고 그 옛날 거룩한 시절에 이 문답서를 작성한 선조들과 하나가 되어 하나님을 경외하게 되곤 했습니다. 실로 이 책은 주변에 많이 소개해 주면 좋을 책입니다. 읽는 이에게 하나님께서 일하실 것입니다. 현장에서 저자와 함께 생활하며 그의 사랑과 영향을 받은 목회자로서 강력하게 추천합니다.

안상혁 • 합동신학대학원대학교 역사신학 교수

채명준 박사님의 웨스트민스터 소요리문답 해설서가 출간된 것을 진심으로 축하하며 마음깊이 감사드립니다. 예수 그리스도에 대한 신앙고백 위에 세워진 교회는 하나님의 계시 말씀인 성경을 올바르게 해석하고 바른 신앙을 전수하기 위해 신앙교육서를 마련해왔습니다. 웨스트민스터 소요리문답에는 초대교회와 종교개혁을 계승한 개혁 교회의 정통신앙과 하나님께 대해 사는 삶을 위한 교리를 강조하는 청교도적 전통이 잘 배어 있습니다. 본서를 통해 우리는 약 370년의 간격을 뛰어 넘어 개혁 교회의 위대한 역사적 유산을 대면할 수 있습니다. 저자의 탁월한 안내를 받으며 독자들은 특히 개혁교회의 전통적이면서도 정통적인 신앙교육서가 무엇인지 그 정수를 맛보게 될 것입니다. 이 책의 활용과 유용성을 대략 세 가지로 나누어 말씀드립니다.

첫째, 본서를 개혁주의 신앙을 배우는 입문서로 활용할 것을 추천합니다. 웨스트민스터 소요리문답은 개혁주의 신학의 요약이라고 말할 수 있습니다. 채박사님은 웨스트민스터 소요리문답을 해설하면서 그 범위를 소요리문답으로만 제한하지 않습니다. 초대교회 교부 아우구스티누스와 종교개혁가 칼빈, 웨스트민스터 소요리문답과 함께 작성된 "웨스트민스터 신앙고백서"와 "웨스트민스터 대요리문답", 그리고 필요한 경우 바빙크나 벌코프와 같은 근대 신학자들을 인용하며 본문의 신학적 주제를 명료하게 해설해 주십니다. 본문 해설과 특주를 통해 독자들은 보다 풍성하고 균형 잡힌 관점에서 개혁주의 신학의 정수를 공부할 수 있습니다.

둘째, 본서는 성경을 가르치는 교사들에게 매우 중요하면서도 유용한 성경 해석의 틀을 제공하고 있습니다. 성경은 바른 해석을 요구합니다. 웨스트민스터 소요리문답은 개혁주의 성경해석의 기초적인 틀을 제공합니다. 개혁주의란 채 박사님께서 옳게 지적하셨듯이 타락한 인간 이성의 자율적 사유를 거부하고 전적으로 하나님의 계시에 의존하는 성경 중심적 가르침입니다. 교회사에서 개혁주의가 꽃을 피운 시기는 16-17세기 종교개혁과 개혁파 정통주의 시대입니다. 웨스트민스터 소요리문답은 개혁주의의 전성기에 작성이 되었고, 성숙한 개혁주의 신학을 대표하고 있습니다. 개혁주의는 특히 언약의 관점에서 구약과 신약을 통합적으로 해석하는 가장 전통적이면서도 정통적인 성경 해석의 틀을 제공하고 있습니다. 이러한 특징이 채박사님의 웨스트민스터 소요리문답 해설서에 잘 반영되어 있습니다. 독자들은 채박사님의 친절한 안내를 받으며 성경 교사로 잘 훈련받을 수 있습니다.

셋째, 본서는 하나님의 말씀을 따라 바르게 살고자 소원하는 모든 신자들에게 삶을 위한 안내서로 활용될 수 있습니다. 본서는 성경 말씀과 건전한 교리 그리고 신자의 삶이 개혁주의 신학 체계 안에서 어떤 방식으로 통합되는지 가르치고 있습니다. 채박사님의 통찰력 있는 해설을 통해 독자는 오직 성경에 기초한 바른 신학과 바른 교회 그리고 신자의 바른 생활이 서로 분리된 것이 아니라 유기적으로 연결되어 있음을 잘 배울 수 있습니다.

채명준 박사님의 웨스트민스터 소요리문답 해설서를 통해 한국 교회와 우리의 자녀들이 성경 말씀과 복음 진리를 체계적으로 공부하길 소원합니다, 끝으로 한국교회를 위해 꼭 필요한 작업을 해 주신, 필자가 어린 시절부터 존경해 온 장로님이자 전도사님, 그리고 필자의 막역한 친구의 아버지이신 고 채명준 박사님의 귀한 노고에 진심으로 감사드립니다.

이재훈 • 온누리교회 담임 목사

채명준 장로님의 신앙과 삶의 열매가 귀한 책으로 맺어지게 된 것을 하나님께 감사드립니다. 성경적인 개혁신앙의 교리적 기초를 안내해주는 웨스트민스터 소요리문답을 이처럼 정확하고 이해하기 쉽게 해설해주는 책은 처음일 것이라 생각합니다. 특히 원서인 영어 문서의 표현상의 어려움을 신학적으로 문법적으로 해설하시는 내용은 독보적인 해설이라고 할 수 있습니다. 신학적 해설만 담겨 있는 것이 아니라 장로님의 신앙적인 청결함과 헌신이 묻어나고 있어서 경건서로서 매일 몇 문답씩 읽어나가도 큰 유익을 얻을 것입니다. 비록 장로님께서 이 땅에 계실 때 출간되지 못한 아쉬움은 있으나 가족들과 그분을 존경하는 목회자들에 의하여 출간되는 것 또한 의미 있는 일이라 여겨집니다. 이 귀한 책이 한국교회 많은 목회자들과 성도들에게 읽혀서 성경적인 신앙이 무엇인지를 밝히 깨닫고 회복되는 일들이 많이 일어나기를 소원하며 이 귀한 책을 추천합니다.

조정민 • 베이직교회 담임 목사

디지털 패러다임과 코로나 팬데믹이 교회의 존립기반을 흔들고 있지만, 사실 그보다 더 큰 문제는 개혁신앙이 뿌리째 흔들리고 있다는 사실입니다. 바른 교리를 벗어난 기형적인 신앙이 우후죽순처럼 솟아나는 이즈음 화급히 다시 펼쳐 보아야 할 문서가 있다면 그중 하나가 웨스트민스터 소요리문답입니다. 채명준 장로님의 유고는 바른길을 벗어난 숱한 교회를 정도로 돌이키기 위해 주어진 은혜의 선물과 같습니다. 특히 간명한 도표들과 함께 덧붙인 생각거리와 특주들은 조직신학적 체계를 더욱 단단히 세워주고 있습니다. 문답의 세심한 영문 번역도 교리 이해에 큰 도움입니다. 각 교회가 교리 특강 교재로 삼는다면 새로운 부흥에 목마른 한국교회에 얼마나 큰 활력이 될까요?

차 례

서론: 웨스트민스터 소요리문답 소개 • 6
승인문서 • 10
추천사 • 12

제1부.
하나님을 믿음에 관하여(제1~38문답)

제1과.
하나님의 인간 구상
제1문답. 영광을 지나 사귐의 기쁨으로 • 24

제2과.
성경전서
제2문답. 성경전서 • 37
제3문답. 성경의 가르침 • 39

제3과.
하나님 알기
제4문답. 하나님의 정체와 속성 • 46
제5문답. 하나님의 단일성/유일성 • 48

제4과.
하나님 더 알기
제6문답. 무한 지존자 하나님의 내적 존재 방식 • 54
[특주] 무한대 수학 • 58
[특주] 무한대 무리 무한성의 진실 • 64

제5과.
하나님의 작정
제7문답. 하나님의 작정 • 70
제8문답. 작정의 수행: 창조와 섭리 • 71

제6과.
하나님의 창조
제9문답. 바라: 하나님의 천지창조 • 75
제10문답. 사람의 특별 창조 • 79

제7과.
하나님의 섭리
제11문답. 하나님의 섭리 • 84
제12문답. 인간 섭리의 근본: 언약 • 89

제8과.
인간론: 인류의 타락
제13문답. 우리 첫 조상 내외분의 언약적 실패 • 94
제14문답. 인간의 죄 • 97
제15문답. 타락한 죄목 • 98
제16문답. 원죄의 대물림 • 99
제17문답. 타락효과의 파급 • 100

제9과.
인죄론

제18문답. 타락한 인간은 죄투성이 • 104
제19문답. 인간의 비참함 • 106

제10과.
언약주 하나님

제20문답. 은혜언약 • 111
제21문답. 속량주 성자 하나님 • 112
제22문답. 성육신 • 113

제11과.
속량자 그리스도께서 하시는 일

제23문답. 그리스도께서 감당하신
삼중직무 • 122
제24문답. 선지자 직무 • 123
제25문답. 제사장 직무 • 124
제26문답. 왕의 직무 • 125

제12과.
그리스도의 두 신분: 비하와 승귀

제27문답. 낮아지심 • 129
제28문답. 높아지심 • 131
[특주] 기독론 • 134

제13과.
구원 각론

제29문답. 속량에의 참여 • 136
제30문답. 속량의 적용 • 137
제31문답. 효과적인 부르심 • 138
제32문답. 효과적인 부르심을 받은 자의
혜택 • 139

제14과.
구원의 매듭들

제33문답. 칭의 • 140
제34문답. 입양 • 143
제35문답. 성화 • 144

제15과.
믿음이 받는 보상과 종말론

제36문답. 이생에서의 보상 • 153
제37문답. 죽음에 임해서 • 155
제38문답. 부활 시에 받는 유익 • 156
[특주] 종말론 • 160

제2부
하나님께서 요구하시는 사람의 의무(제39~107문답)

제16과.
하나님의 언약적 요구

제39문답 요구하시는 의무 • 166
제40문답 순종의 규칙: 도덕법 • 167
제41문답 도덕법은 십계명에 • 168

제17과.
십계명의 개요와 머리말

제42문답 십계명의 개요 • 172
제43문답 십계명의 머리말 • 173
제44문답 머리말의 교훈 • 174

제18과.
제1계명과 제2계명

제45문답 제1계명의 내용 • 176
제46문답 제1계명이 명하는 의무 • 177
제47문답 제1계명이 금하는 죄목 • 178
제48문답 "나 외에는" • 179
제49문답 제2계명의 내용 • 182
제50문답 제2계명이 명하는 의무 • 183
제51문답 제2계명이 금하는 죄목 • 184
제52문답 제2계명에 보충설명을
　　　　　단 이유 • 185

제19과.
제3계명

제53문답 제3계명의 내용 • 188
제54문답 제3계명이 명하는 의무 • 189
제55문답 제3계명이 금하는 죄목 • 190
제56문답 제3계명에 보충설명을
　　　　　단 이유 • 191

제20과.
제4계명

제57문답. 제4계명의 내용 • 195
제58문답. 제4계명이 명하는 의무 • 197
제59문답. 이레 중 어느 한 날 • 198
제60문답. 안식일 성수 • 199
제61문답. 제4계명이 금하는 죄목 • 200
제62문답. 제4계명에 보충설명을
　　　　　단 이유 • 201

제21과.
제5계명과 제6계명

제63문답 제5계명의 내용 • 206
제64문답 제5계명이 명하는 의무 • 207
제65문답 제5계명이 금하는 죄목 • 208
제66문답 제5계명에 보충설명을
　　　　　단 이유 • 209
제67문답 제6계명의 내용 • 212
제68문답 제6계명이 명하는 의무 • 213
제69문답 제6계명이 금하는 죄목 • 214

제22과.
제7계명과 제8계명

제70문답. 제7계명의 내용 • 218
제71문답. 제7계명이 명하는 의무 • 219
제72문답. 제7계명이 금하는 죄목 • 220
제73문답. 제8계명의 내용 • 224
제74문답. 제8계명이 명하는 의무 • 225
제75문답. 제8계명이 금하는 죄목 • 226

A Shorter Note on the Westminster Shorter Catechism

제23과.
제9계명과 제10계명

제76문답. 제9계명의 내용 • 228
제77문답. 제9계명이 명하는 의무 • 229
제78문답. 제9계명이 금하는 죄목 • 230
제79문답. 제10계명의 내용 • 232
제80문답. 제10계명이 명하는 의무 • 233
제81문답. 제10계명이 금하는 죄목 • 234

제24과.
범계와 죄벌, 그리고 은혜언약의 조건

제82문답. 의인은 없다 • 236
제83문답. 죄질의 경중 • 237
제84문답. 죄벌은 하나님의 진노와 저주 • 240
제85문답. 언약의 요구 • 241
제86문답. 믿음 • 234
제87문답. 생명 얻는 회개 • 245

제25과.
속량혜택을 전달하는 수단: 말씀

제88문답. 속량혜택을 전달하는 외적 수단 • 247
제89문답. 구원의 효과적 수단인 말씀 • 248
제90문답. 말씀의 능력을 입으려면 • 249

제26과.
속량혜택을 전달하는 수단: 성례

제91문답. 성례 안에서 일하시는 삼위 하나님 • 254
제92문답. 성례 • 255
제93문답. 신약의 성례 • 256
제94문답. 세례 • 257
제95문답. 세례의 대상 • 258
제96문답. 주의 성만찬 • 263
제97문답. 온당한 수찬 • 264

제27과.
기도

제98문답. 기도의 뜻매김 • 268
제99문답. 기도의 지침 • 274
[특주] 칼빈의 기도론 • 278

제28과.
주기도문

제100문답. 머리말 • 280
제101문답. 성호의 영광 • 283
제102문답. 아버지의 나라가 • 286
제103문답. 아버지의 뜻이 땅에도 • 289
제104문답. 일용할 양식 • 291
제105문답. 사죄의 간구 • 294
제106문답. 시험에서의 보호 • 298
제107문답. 주님의 영광이 영원 하소서! • 303

*참고 문헌 • 306

| 제1부 |

하나님을 믿음에 관하여

제1~38문답

제1과

하나님의 인간 구상 :
무엇에 쓰시려고?

제1문답

영광을 지나 사귐의 기쁨으로(Beyond Glory To Delight)

문. 사람 창조에 두신 하나님의 주된 취지가 무엇입니까?

답. 천지 만물 창조로 피조세계에 선포된 하나님의 영광을 파악하고 그 영화로우심을 들추어 언어와 목소리로 송축하므로 창조주 하나님을 기쁘시게 하는 충성된 청지기 역할자를 목적하셨습니다.[A] 그런즉 사람으로서는 필연적으로 하나님의 통치를 즐기며 하나님의 영광을 함께 누리게 됩니다.[B]

Q. What is the chief end of man?

A. Man's chief end is to glorify God,[A] and to enjoy Him forever.[B]

[A] 고전 10:31; 롬 11:36; 창 1:26.
[B] 시 73:24-28(24절, "주의 교훈으로 나를 인도하시고 후에는 영광으로 나를 영접하리니"); 요 17:21-23.

해 설

1. 제1문답의 설정 요지

개혁교회가 종교개혁의 산물이라면 그 교회의 교리는 개혁주의적일 수밖에 없습니다. 즉 개혁주의적이란 이 교리가 타락한 인간의 이성 주도적(자율적) 사유(思惟)를 거부하고, 전적으로 하나님의 계시(말씀)에 의존한 사색에 의해 작성된 성경 중심적인 가르침을 의미합니다. 이에 따르면 사람이란 존재는 진화의 산물이 아니고, 창조주께서 구상(디자인)하신 하나님의 최고이자 최후의 걸작품이라는 것입니다. 그 목적은 천지만물 창조를 통해 표상화된 피조세계에서 창조주의 영광을 들추어 파악하는 일을 맡아 믿으며 찬양하므로 하나님을 기쁘시게 하는 사역자로 세우시기를 기뻐하셨기 때문입니다. 그들의 운명은, 믿는 자에 한해서, 하나님의 기쁘신 뜻대로 해피 엔드임을 확신케 하려는 것이라 생각됩니다.

2. 제1문: 사람의 용도와 운명

1) 목적하는 주체: 원문(영어)이나 그 형식(formal equivalence: 단어 중심)에 따른 기존 번역에서[1] 'end of man'은 '사람의 목적'이 아닙니다. 문장 전체가 전달하는 의미의 역동성(dynamic equivalence)을 생각하면 피조물 '사람'과 자기 존재 '목적' 간에 호응관계가 성립되지 않기 때문입니다. 우리말 문장에서는 '사람의 목적'이라고 하면, 목적하는(동사, 그 목적을 세우고 그것을 이루려고 노력하는) 의지의 주체가 사람으로 인식될

---

[1] 문1) 사람의 제일 되는 목적은 무엇입니까?(대표적으로, 윌리암슨 지음, 최덕성 옮김, 『소교리문답강해』, 개혁주의신행협회, 1978, 등).

수 있습니다.² 더구나 우리말에서처럼 주어(행위의 주체)를 생략하는 경우가 많은 언어에서는 더욱 그렇습니다. 근래에 와서 'end of man'을 '사람이란 존재의 용도'의 뜻으로 제안하여³ 의미가 분명하게 밝혀졌습니다.

그러므로 제1질문은 "사람의 제일 되는 용도가 무엇입니까?"이므로, 풀어쓰면 "하나님께서 무엇에 쓰시려고 사람을 지으셨습니까"로 번역되어야 제격입니다. '목적'을 고집하면 '사람을 창조하신 하나님의 목적'을 묻는 질문으로, 목적하는 주체가 피조물인 사람이 아니고 창조주 하나님으로 바뀌어야 합니다. 이렇듯 한 문장의 관심의 초점이 사람으로 시작하여 자연스럽게 창조주 하나님으로, 주동사(목적하다)의 주체인 양 명시된 사람에서 하나님으로 자연스럽게 슬쩍 옮겨지고 맙니다. 사람이란 미끼를 물었더니 낚싯줄을 따라가 보니 하나님께 잡히는 형국입니다. 즉 화두가 사람의 용도와 운명에서 하나님의 속성, 특히 영광과 주권적 의지로 전이되도록 문장(원문)이 구성됩니다. 곧, 제1문답은 성경에서 흔히 쓰이는 이른 바 '수사적 기교 문제'의 모방으로 볼 수 있습니다. 이런 문장의 번역에는 풀어 쓴 해설이 따라야 하므로 원문보다 길어지는 것이 상례입니다.

[엔드]: [사람의 용도] = [하나님의 사람 창조 목적]

2) '엔드(end)'의 두 뜻: '엔드'의 뜻을 '목적' 또는 '용도'만으로 이해

---

2 '사람의'에서 '사람' 뒤에 관형격 조사 '의'가 붙어있어, 사람이 목적하는 의지의 주체로서 곧 뒤의 '목적'의 내용(답)을 만들고 이루는 '형성자임'을 나타내기 때문입니다.
3 근래에(2002년) 영어권에서 펴낸 'Larger Catechism A Commentary' 에서는 'end'의 뜻을 '존재하는 용도'로 해석하였습니다. J. G. 보스, G. I. 윌리암슨 지음, 류근상, 신호섭 옮김, 『웨스트민스터 대요리문답 강해』(크리스챤출판사, 2007), p 43.

하면 우리말 '목적'이나 '용도'에 해당하는 많은 영어 동의어들(purpose, object, goal, aim, end, intention, use 등) 중에서 굳이 'end'를 골라 쓴 이유를 놓치게 됩니다. 우리가 익히 아는 대로 '엔드(end)'는 종말(끝, 최후), 또는 운명을 뜻하기도 합니다.[4] 그래서 '사람의 엔드'는 다음과 같이 번역될 수 있습니다.

[end of man]: 사람의〈[용도] + [운명]〉→ 번역 → 하나님의 사람 창조 [취지]

곧, '용도'와 '운명' 모두를 포괄하는 '취지'로 표현했습니다.

3) 전제(前提)

창조 단계의 2구분: 제1문답의 주제이기도 한 '창조'가 중요한 것은 본 교리문답서 전체의 주제인 하나님의 '영광'에 관련되기 때문입니다. '사람 창조에 두신 목적'이란 표현은 창조(대상, 과정과 목적에서)의 두 단계를 전제한 어구입니다. 천지 만물 창조와 사람 창조, 순서대로입니다.

(1) 첫째 단계 창조 = 천지 만물 창조(바라): 말 그대로 완전 무로부터 하늘과 땅, 그리고 땅 위의 모든 생물을 말씀으로 창조하신 것을 가리킵니다(창1:3-25). 이 창조의 목적은 하나님의 본질적 영광의 선포입니다.[5]

---

[4] 영한사전(시사영어사/랜덤하우스)에서 의도나 목적(purpose, aim)/ 목표는 'end'의 7번째 뜻이고, 존재 목적/궁극적 목적이 8번째 뜻입니다. 그리고 종말(운명), 존재의 끝(termination) 은 10번째 뜻입니다. 우리말로 '목적'에 해당하는 'purpose'는 그(사용빈도) 첫번째 뜻이 존재 이유/사용 목적(제조, 제작)이며, 두 번째 뜻이 단순한 목적/목표입니다.(시편 49:13의 '종말'(개역개정)을, 'fate'(NIV)로, 우리말 새번역에서는 '운명'으로 번역함).

[5] 영광 선포론: 하나님께서는 자신의 영광스러움을 명시(明示, manifestation 밝히 드러내 보임)하실 목적으로 만물을 창조하셨습니다(렘 10:12; 롬 1:20; 그리고 웨스트민스터 신앙고백 제4장 1항에서는"하나님의 영원하신 능력, 지혜및 선하심의 영광을 드러내 보이실 목적으로" 세상과 그 안의 만물을 창조하셨다고 합니다.이에 반(反)해서 합리주의, 자유주의자들에 의한 인생 행복론(인류의 안녕과 행복을 창조의 목적으로

이 첫째 창조는 하나님께서 자신의 영광(자랑거리)을 드러내 알리시는 (가라사대/말로 외치심/공표/선포) 행위이니 영광의 표상화[6] 작업입니다.

(2) 둘째 단계에서는 재료(흙과 생기 - 네샤마)를 사용하여 손수 빚어 수제(手製) 사람(아담)을 만들어 내십니다(창 1:26-2:7). 사람을 지으신 목적은 첫 단계 바라에서 표상화되어 피조세계와 피조물에 간직된 하나님의 본질적 영광을 파악하여, 기뻐하고 찬양하여 하나님을 기쁘시게 하려는 것이었습니다.

계시/신학 언어의 특수성: 하나님의 자기계시나 신학적 표현에서 특히 하나님에 관한 묘사는 이른바 신인동형(동정)론적(anthropomorphic[-pathetic])[7] 서술입니다. 그 표현이 인간이 이해할 수 있는 인간적인 언어 방식으로 설명되어야 하기 때문입니다. 결국 그 언급은 하나님의 실상보다는 사람 자신의 개념에 따르게 되는 위험을 피할 수 없다는 것입니다. 고로 하나님에 관한 지식은 부분적이며 질적으로 불완전하며 양적으로 부족함을 감안 또는 전제하여야 한다는 말입니다. 그러므로 해석과 설명 또는 연구가 필요합니다. 특히 하나님께서는 언어(말과 글)의 창시자답게 그의 계시 곧 성경에서 여러 비유적 언어와 수사법을 종횡으로 구사하십니다. 여기서 말하는 비유(Figure of speech)는 좁은 의미의 비유(parables 마 13장)가 아니고 오히려 은유(메타포, metaphor)에 더 가깝습니다. 그래서 성경은 해석되어야 하고 바른 해석을 위해 성령님의 조명

보는 학파-'목적론'이라고도 함.)은 성경의 지지를 받지 못함(박형룡: 저작전집 II, 343쪽). 그리고 보면, 복음송"당신은 사랑 받기 위해 태어난 사람"은 이 인생행복 목적론을 반영하므로 잘못입니다. 본래는 하나님께서 사랑(경배) 받기 위해 사람을 창조하셨기 때문입니다(마 22:37).

6 영광의 표상화: 추상적인 개념(영광)을 연상시키는 구체적인 사물(들의 백합화, 생명체의 생로병사현상 따위)로 드러내어 나타내는 일을 말합니다.

7 하나님을 묘사할 때, 또는 성경을 통해 하나님께서 자기를 계시하실 때(실은 창세 때부터 자신을 낮추시는 은혜로서), 신적인 언어가 아니라 신인동형적 언어가 사용됩니다. 곧, 성경에서 사람의 속성, 형상(손, 발, 입, 머리 같은 신체 기관), 감정, 행동 등이 하나님께 전용된(ascribed) 표현입니다.

과 (개혁)신학적 연구의 도움이 필요합니다.

3. 제1답: 사람에게 두신 하나님의 목적
1) 창조주 하나님의 영광[8] = 종합/대표적 속성

영(靈)이신 하나님께서는 인생이 아니시므로(민 23:19) 우리 인생들과는 아주 많이 다르십니다. 그분의 속성을 한마디로 표현하면 '영광'입니다. 그중에서 창조 목적에 깊이 관련된 속성은 독립성과 주권성, 두 가지입니다.

(1) 하나님께서는 본질적으로 복되며 영광스러우십니다. 그 고유한 초월성과 신적인 속성(온전성) 때문입니다. 하나님만이 영광의 주체인 동시에 영광의 대상이십니다. 따라서 창조주 하나님의 영광은 다른 어떤 피조물이라도 더하거나 빼거나 변화시킬 수 없으며, 오직 하나님 스스로 챙기실 뿐입니다(사 48:11).

- 하나님의 영광은 세 가지 측면을 함의한다고 볼 수 있습니다(바빙크).
- 위대하심(greatness) - 피조물의 찬양(adoration)의 대상
- 영화로우심(glory) - 감사(gratitude)의 대상
- 위엄(majesty) - 경외(reverence)의 대상

하나님의 영광은 타락한 인간을 구원하시는 구속사역을 통해서 극치에 이르게 됩니다. 이것은 섭리하심(재창조)에서, 즉 구원 행위에서 나타납니다. 자기의 영광을 버리고 죽기까지 순종함으로 하나님을 기쁘시게

---

[8] 영광: 하나님 고유 속성/완전성의 총화(R. T. 켄달). 우리말 사전(네이버)에서 '빛나고 아름다운 영예'라고 뜻매김되는 '영광'을 하나님께 적용하면, 하나님의 영광은 그분의 모든 덕과 자기 계시(자연과 은혜에서 나타내신)와 밀접하게 연관된 훌륭함(splendor)과 찬란함(brilliancy)을 말합니다(바빙크).

하신 창조 목적에 순응하신, 우리들의 새 조상 인간 예수께서 누리는 영광을 믿음으로 바라봅니다(요 8:29).

(2) 독립적이십니다. 무한, 완전, 충만하시니 무엇이든지 모두 스스로(self)입니다. 스스로 계시며(자존, self-existence = aseity = 독립적), 자급자족(self-contained, 자충족, self-sufficient) 곧 없는 것이 없으십니다. 어떠한 제한이나 결핍, 필요한 것이 전혀 없으십니다. 그러니 물질적, 실용적 필요는 물론, 비물질적 호의, 서비스, 위로 따위도 받으실 필요가 없습니다. 즉 받으심 없이 주기만 하십니다(행 17:25).

(3) 주권적이십니다. 하나님의 주권은 원하시는 것(기뻐하시는 일)은 무엇이든지, 언제나, 누구에게나, (모두) 행하시는 하나님의 권리와 권능을 말합니다(시 115:3; 켄달). 이 주권적 의지는 모든 신적 활동의 목적과 관계됩니다. 개혁파 신학에서는 이 속성을 두 가지로 구분하여 말합니다.

"하시려는(行事) 의지, 유도키아(eudokia)"와
"하게 하시려는(行使) 의지, 유레스티아(eurestia)"로 구분합니다.[9]

이러한 의지들에는 즐거움과 기쁨이 있습니다. 어떤 일을 행하시려는 전자의 의지(유도키아)에는 일을 하시면서 그 행함 자체, 과정, 결과 등을 통하여 어떤 즐거움을 느끼시려는 의도가 들어 있습니다. 직접 행하시는 것이 아니라 피조물에게 어떤 일을 하게 하시려는 후자의 의지(유레스티아)에는 피조물들에게 무엇을 하게 하시고 그 행함과 과정, 결과들을 보시는 즐거움과, 특히 자녀나 종들이 그 행함을 통하여 하나님께 순종하며 하나님께서 예비하신 상급과 면류관을 예약하시는 즐거움이 있습니다.

---

[9] 루이스 벌코프 지음/권수경 · 이상원 옮김, 『조직신학: 상』, pp. 272-77: 크리스찬 다이제스트, 1995.

2) 창조에 두신 하나님의 목적, 그 구체적 설명

(1) 일반(천지와 만물)창조, 하나님의 영광 선포론.

하나님께서는 자신의 영광을 다만 내재적 복으로만 향유하지 않으시고 밖으로 널리 드러내시기를 기뻐하셨습니다. 이로써 우주와 그 안에 있는 만물을, 시간과 함께 산출하신 활동(행동)이 곧 창조(바라)이니 영광의 선포 행동입니다. 이처럼 창조를 통해 나타내시며 발현된 영광, 곧 '선포적 영광'은 하나님의 독립성과 주권성에 일치하며 일반 창조의 주된 목적입니다. 즉 창조의 목적은

- 기쁨을 목적하시는 하나님의 주권적 의지 유도키아의 수행
- 곧이어 창조될 사역자 사람에게 시킬 일감(창 1:26)
- 사람의 안락한 생활환경(서식처, habitat)을 마련하기 위함입니다.

(2) 사람 창조의 목적.

하나님의 창조 행위가 유도키아(순수 행하시려는 의지)로 말미암은 영광의 선포라면 사람 창조의 목적은 유레스티아, 곧 피조물 누구에게 어떤 일을 하게 하시려는 주권적 의지로 말미암은 특별 활동이라 할 수 있습니다. 유레스티아(行使, 시키시려는 의지)의 수행에는 시키는 일을 지시받은 대로 해내는 어떤 존재(인간적 용어로 '사역자')와 그가 수행할 일거리가 필요합니다.

드디어 하나님에게도 '필요한 것'이 생겼습니다. 꼭 집어서 자신을 기쁘시게 하는 존재, 곧 사람을 창조하셔서 그로 하여금 하나님을 기쁘시게 하는 역할을 맡아 영원토록 그분이 즐거워 하시는 일을 하도록 지시하십니다. 그가 지시받은 임무는 하나님께서 창조와 재창조(섭리 포함)를 통해서 피조세계로 드러내신(표상화) 하나님의 영광을 알아보고 예시하고 역선포하는 일입니다.

```
           사람에게 하게 하시려는(시키시는) 일의 주요 내용:
                     (영광을 돌려 기쁘시게 하라)

                    Θ의 일(창조/재창조, 섭리 포함)
   하나님의 영광 → → →   천지 만물의 현상 세계/인생들의 희로애락
              표상화

                    쓰임 받는 사역자 사람의 일
   찬양/감사/경외 대상 ← ← ←   광대함/훌륭함/장엄    피조물의 질곡
              영광화 (믿음으로 파악)
              영광 돌림(되돌림)

   다시 표현하면; 가역(可逆) 과정:   영광 ↔ 피조세계의 모든 현상
```

바로 사람에게 수행하도록 맡기신 지시사항입니다. 곧 에덴동산에서 아담이 한 일, 인간 예수님께서 곧 시들 들꽃 한 송이(마 6:29)와 나사로의 병듦(요 11:4) 같은 인간 생로병사의 질곡에서 하나님의 영광을 파악하신 일 등입니다. 이 작업을 '하나님께 영광을 (되)돌린다'(영화롭게 한다, glorify)라고 합니다. 이 일에 합당한 자질을 가진 사역자로 사람이 역사 무대에 등장합니다. 그러나 이것만이 사람창조의 목적이라고 할 수 없음은 하나님의 주권적 작업의 동기가 바로 기쁨이시기 때문입니다.

따라서 사람창조의 목적은 영광 돌림, 곧 하나님을 기쁘시게 하는 일입니다.

유도키아의 실현인(정방향 →) 창조의 산출물에서 영광을 되파악하는(역방향 ←) 일은 사람만이 할 수 있습니다. 즉 하찮은 일에서 하나님의 영광을 파악하여 언어로 찬송과 감사와 경외를 드림으로 하나님을 기쁘시게 하는 자가 기쁘신 하나님의 뜻에 부응하는 자입니다.

[인생들의 삶에서 유추]

인생들의 삶에서 영광은 덕성의 문제가 아니라 각종 힘겨루기에서 이긴 자에게 주어지는 영예입니다. 따라서 하나님의 영광에 비할 바 아니지만 일단 영광을 취한 후에 그 소원은 유추가 가능합니다. 아래의 비유적 예화는[10] 하나님께서 왜 사람을 창조하셨는가 하는 창조목적 이해에 도움을 줍니다. 이로써 사람의 자격, 자질과 본성이 어떠해야 하는지, 왜 하나님의 형상으로 지음받았는지를 알 수 있습니다.

이미 더할 나위 없이 영광스러우신 삼위 하나님께서는 그 영광(자랑거리)을 선포하셨습니다. "언어도 없고 말씀도 없으며 들리는 소리도 없으나(시 19:3)"

창조 제6일 이른 시간, 아직 인간이 창조되기 전, 하나님의 영광이 선포되고 있는 창조현장 생중계 모습이 아니겠습니까? 이 선포에 반응을 보이는 어떤 존재는 아무도 없었습니다. 그래서 하나님을 기쁘시게 하는 방법을 아는 인간이란 존재가 필요했던 것입니다.

---

10 올림픽 경기에 출전해 자기 종목에서 3관왕의 영광을 차지한 어떤 고아 출신 선수의 비유적 예화입니다. 일반적으로 금메달을 목에 거는 순간은 생중계 되어 영예로운 이름들이 널리 알려집니다. 그러나 이 영예의 수상자는 생중계를 지켜본 불특정 다수 5억 명보다 얼마 안 되는 가족, 친지, 팬, 팔로워에게 영광의 소식을 알리고 싶어 합니다. 뉴스로서가 아니라 자랑거리로서 말입니다. 이들과는 사귐을 통한 정이 있고, 금메달이 상징하는 영광의 의미를 알고 함께 즐거워할 수 있기 때문입니다. 그러나 3관왕 선수가 가족도 팬도 없이, 집에서 반려견 강아지 한 마리와 살아왔다면 그의 영광은 오히려 슬픔이 될 것입니다. 강아지 목에 금메달 3개를 걸어주고, 무등을 태워 함께 즐거워한들 무슨 기쁨이 있겠으며 무슨 의미가 있겠습니까? 강아지가 그 목에 걸린 금메달이 상징하는 영광의 의미를 알 수가 없고, 설사 안다고 해도 그 영광을 가사와 곡조로 찬양하여 자기 주인을 기쁘게 하기란 도저히 불가능하기 때문입니다. 그 영광을 즐기려는 삼관왕 선수의 수고가 헛될 뿐입니다. 즉 인간으로서는 속수무책입니다. 그러나 하나님이시라면 얘기가 달라집니다. 하나님은 경기자로 치면 천관왕, 만관왕, 그 이상이시며 창조자이시요, 전능자이시니, 적시적소에 주권적 의지대로, 주권적 능력으로 모든 것이 가능하십니다. 그래서 기쁘신 뜻대로 사람을 창조하셔서 그와 함께 영광의 즐거움을 누리십니다.

4. 하나님의 목적을 이루어 그를 기쁘시게 한 믿음의 선진들

아담의 타락으로 그 후손들이 물려받은 형질은 신성의 것(창 5:1, 2)이 아닌 아담의 형질(창 5:3)이었습니다. 그래서 모두가 율법 아래 매인 죄인이 되어 하나님의 영광에 이르지 못하였습니다(롬 3:23). 그러나 예수의 속량과 하나님의 은혜로 하나님을 기쁘시게 하는 자가 되어 창조 목적을 달성한 믿음의 선진들이 있습니다. 그들에 관한 성경의 증언을 들어봅시다.

1) 성육신 하신 예수님

인간의 전형(典型)이신 예수님께서 본보기로 보여주신 예수님의 생애: 예수님은 항상 하나님을 기쁘시게 함으로 동행하셨습니다(요 8:29).

2) 에녹의 증거

하나님께서는 아마도 에녹으로 말미암아 인간을 창조하신 보람을 톡톡히 느끼셨을 것입니다. 에녹은 하나님을 기쁘시게 하는 자로 인정을 받았고(히 11:5, 6), 하나님과 동행하므로 죽음을 보지 아니했습니다(창 5:21-24).

히브리서의 표현대로 말하면 믿음의 사람들은 다 믿음을 따라 죽었으며 약속을 받지 못하였으되 그것들을 멀리서 보고 환영하며, 땅에서는 외국인과 나그네임을 증언하였습니다(히 11:13). 하나님의 약속대로, 즉 내세의 영광을 바라보고 현세에는 없는 것임을 믿고 파악했기 때문입니다.

언약 관계에서 볼 때 약속으로 주어지는 영광은 하나님과의 언약에서 규정된 조건에 따라 우선순위가 분명합니다. 즉, 약속된 영광을 받고자 하면 먼저 하나님을 하나님으로 대접해 올려야 합니다(마 7:12).

3) 주님의 두 평생

예수님은 하나님의 영광을 위하여 비천한 인간으로 시작하셨고(눅 2:14, 아기 예수 탄생이 왜 하나님께 영광입니까?), 아버지를 영화롭게 하기 위하여 인생 한 판을 끝내셨습니다(요 17:1-5). 곧 하나님의 영광을 위하여 한 평생(이생)을 마감하십니다. 자신의 이 한 끝(죽음)이 아버지에게도 자기에게도 영광으로 들어가는 문임을 파악했기 때문입니다(요 17:4). 이토록 아버지를 영화롭게 하기 위한 이생의 마침은 마지막이 아니었습니다. 이 종말로 말미암은 예수의 두 번째 생애에서는 신실하신 아버지의 약속대로 영화로우신 아버지 우편에 앉으셔서 영원토록 하나님을 즐기고 계십니다. 이것이 미쁘신 '주께서 주신 결말(텔로스, end/outcome - NASB)'입니다(약 5:11). 그의 안에 산다고 하는 자는 그가 행하시는 대로 자기도 행하여야 합니다(요일 2:6).

4) 모세: 현세에서 증거는 받았으나 약속은 못 받은 대표적 인물

그렇게 바라던 가나안 땅에는 못 들어가고 바라보는 것으로 만족해야 했던 모세는 죽어서야 이생에서 고생한 보상을 받게 됩니다.[11] 유다서 1:9절을 보면, 그는 썩지 아니하고 바로 영화롭게 되어, 승천한 엘리야와 함께 변화산에 나타나시므로(마 17:1-4) 영광 중에 있음을 증거합니다. 이 증거는 이생에서 하나님과 동행하면서 하나님만 의지하는 탁월한 지도력(leadership)으로 큰일을 이루어냈음에도 하나님의 평가는 그의 인간적 기대와 달리 뜻밖의 결말입니다(민 20:12).

---

11 신 34:5, "이에 여호와의 종 모세가 여호와의 말씀대로 모압 땅에서 죽어 벳브올 맞은편 모압 땅에 있는 골짜기에 장사되었고(하나님이 그를 장사하셨다 - 메시지 성경/NIV) 오늘까지 그의 묻힌 곳을 아는 자가 없느니라."

5) 다니엘: 큰 은총을 받은 사람(단 10:10, 19)

다니엘이 '마지막'에 대한 계시를 듣고도 잘 깨닫지 못하고 "주여 이 모든 일의 결국이 어떠하겠나이까 하니"(단 12:8), 받은 권면이 "너는 가서 마지막(end, 케츠)을 기다리라 이는 네가 평안히 쉬다가 끝(케츠)날에는 네 몫을(상속, 영광 안에서의 즐거움) 누릴 것임이라"(단 12:13)하였습니다. 이 구절을 히브리 원문대로 개역하면 "너는 가서 마지막을 향하여 가라"이니 '죽음을 향하여 가라'는 뜻입니다. 이 말은 하나님께서 인생에게 한 세상 사는 방법을 가르쳐 주신 것입니다. '죽음을 향하여 가라'는 뜻은 '죽을 것을 목표하고' 모든 일을 행하라는 것입니다(박윤선). 멀리 볼 줄 알아 죽을 것을 기억하고 범사를 행함이니, 바로 죽을 때에 만족할 수 있는 생활 방식입니다.

죽음을 예비하려 수고하는 인생에게는 안식이 주어지고, 마지막 끝날에는 각자의 몫(영광)을 누리게 됩니다(13절하).

생각거리

- "에덴동산에서의 예배는 참석해야 할 이벤트가 아니라 일상에서 늘 취하는 태도였다"라는 말의 뜻을 생각해봅시다.
- 남미 어느 섬사람들은 '보여주기 위한 축제가 아니라 즐기는 축제를 한다'에 대해 각자의 생각을 말해 봅시다(자기 과시와 즐김의 차이).
- 우리들의 현실로 볼 때 하나님께서는 인간 창조의 본디 목적을 이룩하시었습니까?
- 성경에서 하나님을 기쁘시게 하는 방법 4가지 이상을 찾아 적으시오.

제2과

성경전서[12]:
영광에로의 규칙

제2문답

성경전서: 인생을 영광으로 인도하는 유일한 길잡이 규칙

문. 우리로 하나님을 기쁘시게 하며 그와 함께 즐거워하는 방도로 인도하는 지침으로 우리들에게 주신 규칙은 무엇입니까?

답. 구약과 신약으로 된 성경전서에 기록된 하나님의 말씀이[A] 바로 이 규칙입니다. 하나님의 말씀이야말로 우리가 이 한 평생을 어떻게 하나님께 순종하여 섬기며 그를 영화롭게 하므로 기쁘시게 하면서 그와 함께 있어 영원한 생명과 즐거움을 누릴 수 있는지를[B] 가르쳐 인도하는 유일한 규칙입니다.

Q. What rule hath God given to direct us how we may

---

12 성경은 "거룩한 경륜"(經綸 oikonomia, administration/dispensation)의 약어입니다. 여기서 말하는 '경륜'은 경영, 계획, 세대, 직분, 등의 여러 뜻을 가집니다. 그러나 신학에서는 주로 두 가지 의미로 쓰입니다. 첫째로, 권위자(하나님)가 의중에 가지고 계신 계획(목적)과 이를 이루시는 방법으로서의 제도(엡 3:2, 9)를 말합니다. 하나님의 경륜은 두 가지 경륜(또는 언약들)으로 제시되었으니, 모세의 경륜(옛 언약, 또는 구약) 그리고 기독교적 경륜(새 언약, 또는 신약)입니다. 둘째로, 권위 아래 있는 사람의 '직분'과 '관리(청지기)'를 의미하기도 합니다. 영어로는 Bible과 Scripture 외에 '유언' 또는 하나님의 언약(covenant)에 해당하는 testament(라틴어에서 유래)가 있습니다.

glorify and enjoy Him?

A. The Word of God which is contained in the Scriptures of the Old and New Testaments,^A is the only rule to direct us how we may glorify and enjoy him.^B

A 딤후 3:16; 엡 2:20.

B 요일 1: 3, 4("너희에게도 전함은 너희로 우리와 사귐이 있게 하려 함이니 우리의 사귐은 아버지와 그의 아들 예수 그리스도와 더불어 누림이라 우리가 이것을 씀은 우리의 기쁨이 충만하게 하려 함이라").

제3문답

성경의 가르침

문. 성경의 주요 가르침은 무엇입니까?

답. 성경전서는 우리 신앙의 대상이신 하나님을 필히 믿어야 될 사연과 하나님께서 요구하시는 바 사람의 본분(의무)이 무엇인지를 가르칩니다.ᴬ

Q. What do the Scriptures principally teach?

A. The Scriptures principally teach what man is to believe concerning God, and what duty God requires of man.ᴬ

해 설

성경을 일컫는 여러 표현들

성경전서 = 하나님의 말씀, 자기계시, 특별계시,
    하나님의 자기소개서 (Self-disclosure), 하나님이 보내신 편지
성　경 = 성서(성경전서의 줄임말)
　　　 = 언약서(유언서) = 옛 언약 (구약) + 새 언약(신약)
영　어 : Bible = Scripture = Testament (New + Old)

A 딤후 1:13; 딤후 3:16.

성경의 주된 교훈

주된 내용: 하나님 – 인간의 사실관계

성　　경 ＝ 하나님 믿음거리 + 마땅히 행할 거리
　　　　　＝ 하나님을 믿어야 할 근거 + 사랑할 본분 (요약: 복음 + 율법)

웨스트민스터 소요리문답의 내용 구성
- 하나님에 관하여 왜, 무엇을 믿어야 하는가? (1문 – 38문)
- 신자는 어떻게 살 것인가(본분=의무)? (39 – 107문)

개괄적 서론

사람 창조의 본디 목적을 이루시기 위해 하나님께서는 자신에 관한 지식을 사람에게 전달하시기를 기뻐하셨습니다. 이 하나님 지식은 첫째로, 창조 안에 계시하셨으나 타락으로 말미암아 희미해졌으며, 타락 이후 조성된 여러 조건의 변질로 전적으로 불충분하게 되었으며, 둘째로, 지금은 성경에 담긴 계시를 통해 전달됩니다.

1. 하나님 자기계시(自己啓示)

1) 하나님은 우리 모든 지식의 원천이요 근원이시다.

사귐(교제)은 서로에 대한 앎이 전제되어야 합니다. 하나님께서는 우리를 세포 하나하나에 이르기까지 모든 것을 다 아시지만, 우리는 하나님에 대해 전혀 아는 바가 없습니다. 아예 생각조차 안 합니다. 인간이 과연 무한자 하나님을 알 수 있는가? 정답은 "모두 다 이해(전포괄적 인식)할 수는 없지만(불가해, incomprehensible, 욥 11:7), 계시(revelation: 베일을 벗으시고[unveiling] 자신을 드러내어 알림)로 보여주신 만큼만 알 수 있다(knowable)"입니다.

우주(피조세계 전체)와 하나님에 관한 인간의 지식은 유추적이므로 역설적일 수밖에 없다고 합니다.[13] 유추적(類推的)이란 말은 하나님의 지식은 결정적(self-contained)이고, 인간의 지식은 여기서 파생된 종속적 지식이란 말입니다(반틸, 변증학[Apologetics], p. 9). 다시 말해, 인간이 얻은 지식은 하나님의 진리 지식에 미루어 헤아림으로 얻어지게 됩니다. 따라서 하나님을 모르고, 자신과 우주에 대해 해석한 성경을 모르고는 모든 면에서 무지할 수밖에 없습니다. 이는 사람의 하나님에 대한 지식이 우주에 대한 지식보다 논리적으로 근본적이기 때문입니다. 즉 맨 마지막에 창조된 피조물 인간은 하나님과 우주 환경에 시간적으로 뒤지고, 첫걸음부터 하나님의 절대적인 주권아래 있기 때문에 신(神)지식은 물론 우주 환경에 대한 지식도 하나님을 제쳐 놓고는 성립할 수 없기 때문입니다(박윤선, 성경신학, 14쪽).

2) 일반계시

하나님께서는 "자연의 삼라만상"과 "역사의 진행"과 "인간의 마음(양심)" 등에 하나님을 인식할 만한 표시들을 나타내 보이셨습니다[14] 그러

---

[13] Our knowledge is analogical and therefore must be paradoxical(C. Van Til, The Defense of The Faith, p.44). 여기서 역설적이란 우주와 하나님에 대한 시간적 순서와 논리적 순서의 전도(顚倒), 내포와 외연의 상반성(相反性), 불변하는 하나님의 작정과 기도에의 응답 등을 말합니다.
[14] 계시 이야기: 하나님께서는 인간에게 자신에 관한 지식을 전달하여 알리심으로 자신을 예배하게 하시며 하나님과 교제하면서 살 수 있는 길을 열어 주셨습니다. 하나님의 계시는 일반계시와 특별계시로 나뉩니다. 일반계시는 자연을 통해 모든 사람에게 오는 관계로 자연계시라고도 합니다. 특별계시는 하나님의 특정한 자기-알림(self-disclosure) 방식으로 제한된 대상에게만 초자연적 영역(supernatural sphere)으로부터 오는 것이므로 초자연 계시라고도 합니다.
 가. 속량 이전(pre-redemptive) 특별계시 → 행위/생명 언약
 나. 속량적(redemptive) 초자연계시 = 은혜언약 (성경말씀)
  1) 옛 언약 = 구약(베리트[berith])
  2) 새 언약 = 신약(디아테케[diatheke])
타락 전 자연계시: 타락하기 전에 아담의 내면적 의식에 주어진 자연(nature within) 계시로 '종교적 의식(consciousness)'과 '도덕적 판단력(moral conscience)'을 가리킵니다. 창조될 때부터 타고난(하나님의 형상) 선행적(先行的) 신-인식(antecedent innate knowledge of God) 기능만으로는 온전한 신 지식에 이를 수 없습니다. 타락 전 특별계시(속량-이전(pre-redemptive)): 자연계시로는 전달이 불가능한 특별한 자기계시가 초자연적으로 더하여 주어집니다. 타락 이전, 곧 속량(redemption)의

나 하나님을 떠나 타락한 인간은 그의 지성으로는(노에시스 효과[noetic effect]: 직관적 인식기능의 저하) 하나님의 뜻은 고사하고 하나님을 하나님으로 알아볼 수조차 없게 되었습니다. 그러므로 하나님의 영원한 목적이 무엇인지는 물론 그 목적을 이룰 최상의 수단도 친히 가르쳐주셔야 했습니다.

3) 특별계시
하나님께서는 구원에 필요하고 충분한 특별계시를 주십니다.
(1) 계시의 적응성(accommodation): 완전 무한하신 하나님의 진리가 타락하여 무지하고 고집 센 인간에게 전달될 때 인간의 생각과 이해력, 감정 등을 고려하여 인간의 일상적 생활언어로 전달되었음을 말합니다. 따라서 인간의 생각은 그 진리(하나님 나라에서의 진실)를 자신의 것으로 삼을 수 있고, 그 이해는 유비(analogy)적입니다. 이 특성이 신학(하나님에 대한 학문)을 가능하게 합니다.
(2) 계시의 점진성(progressiveness): 어린이가 지적 능력이 자람에 따라 점진적으로 초 · 중 · 고 · 대학으로 올라가는 것처럼, 하나님의 계시 활동이 인류의 성숙과정(신학적 성장)에 맞추어 점차적으로 펼쳐짐을 말합니다. 곧 성경 계시는 하루아침에 부르는 대로 기계적으로 받아쓴 문

필요성이 없는 시기에 주어진 까닭은 창조된 당시 아담이 처한 상태가 아무것도(선과 축복 등 하나님이 목적하신 바 - 제1문) 확정(confirm)되지 않은 검정(檢定)을 요하는 상태(state of indefinite probation)였기 때문입니다. 교의학적 용어로는 '행위언약'이라 합니다.
속량적 특별계시: 타락 후에는 죄의 개입으로, 자연계시는 그 구조 자체가 교란되어 바로잡을 필요가 생겼습니다. 내면적 자연(본유적인 신 의식)이 완전히 망가지고, 외부적 자연계에서 하나님을 찾아 알아봄도 불가능해진 결과, 자연계시로는 자체 수정이 불가능하여 하나님의 초자연적 개입, 곧 속량적(redemptive) 특별계시로 '은혜언약(covenant of grace)'이 주어집니다. 이 계시의 기능은 하나님과 자연에 대한 인식기능을, 단순히 타락 이전의 상태로 되돌리는 것이 아닙니다. 창조 구상시 목적하셨던 향상된 확정된 상태(영생)를 보장하며 주님이 보증한다는 것입니다(G. Vos, Biblical Theology, pp.19-26).

서가 아니고, 1600년 넘게 걸려 40여 명의 기자들에 의해서 쓰여 자라났습니다. 성경은 점진적으로 성장하는 웅장한 나무에 비유될 수 있으며, 성경의 여러 책들은 이 성장과정의 여러 단계들을 보여줍니다. "구약은 싹이고, 신약은 꽃이다. 구약은 약속을, 신약은 성취를 담고 있다"고 말할 수 있습니다.

4) 들려주시고 써서 보여주시더니 직접 화육(化肉)하셨습니다. 인간들과 어우러져 세상에서 온갖 악을 겪으시며 순종의 모본을 보이심으로 우리에게 자신을, 그 사랑을 보이셨습니다(히 1:1, 2).

5) 정경형성(자기계시)과정
(1) "모든 성경은 하나님의 감동으로 되었다(God-breathed)"(딤후 3:16)는 것은 성경의 기자(記者)들이 성경을 쓸 때, 성령에 의해 초자연적인 영향을 받았다는 말입니다. 따라서 성경이 신적인 진리성과 권위를 부여 받은, 신앙과 실천의 무오하고 충분한 규정이라는 의미입니다. 성경 기자가 각 책을 쓸 때에는 일반적으로 거치는 글쓰기 절차(자료 조사, 수집, 소재들의 배열, 어휘의 선택 등 구성 요건과 표현 요건)에서 성령의 영향과 감동(영감[15])을 받았습니다.
(2) 성령께서 창조 때의 솜씨와 총명으로 조명하시고 간섭하심으로, 죄의 영향을 억제하시어 기록의 정확성을 보증하셨다는 말도 됩니다.
(3) 신적 섭리(성령의 조명)에 의하여 정경에 속하는 책들이 결정되고, 많

---

[15] 만전(萬全)영감(plenary inspiration): 성경 영감의 완전성을 말합니다. 성경은 사상, 개념, 어느 한 부분만이 아니라 66권 전체가 영감되었고(전체 영감), 어느 부분은 인간의 저작이 아니라 완전히 하나님의 작품이며(완전 영감), 성경 원본의 글자, 단어, 문장 하나하나에 이르기까지(verbally) 영감된 것이므로 "하나님의 말씀"입니다.

은 사본 가운데서 텍스트가 결정됩니다. 그다음에 본문비평 또는 역사비평을 거쳐 66개의 책과 각 책의 본문이 영감 된 '정경'으로 확정된 것입니다.

(4) 그런 후에 해석학적 연구를 거쳐 우리말로 번역되어(한글판/개역판/개정개역판) 우리 앞에 주어진 것입니다.

2. 성경의 내용

1) 선후 문제: 하나님의 계시가 인간의 믿음에 앞서듯이, 하나님을 알기 위해서는 믿음이 선행(先行)되어야 하고, 세상의 모든 진리와 지식도 계시의 말씀인 성경을 전제(前提)해야 합니다. 예를 들어 닭과 달걀, 믿음과 앎, 판단과 개념 등에서 어느 것이 먼저냐 하는 문제는, 성경에 의하면 분간하기 그리 어렵지 않습니다. 알고 믿는 것이 아니라 믿고 알게 됩니다(요 6:69). 부익부 빈익빈의 원리도(마 13:12) 믿음에서 출발하여 믿음과 지식이 서로 상승작용을 한 결과임을 말씀하십니다. 믿음과 지식이 상호작용하는 가운데 어느 수준에 이르면, 이 둘은 선후관계가 없이 같이 갑니다. 그래서 믿음이란 인간이 절대자를 안다는 표현이요, 우리가 아는 하나님에 대한 반응이라고 합니다(박영선, 믿음의 본질, p.12).

그러나 인간이 경험하는 이 세상에서의 전후인과(前後因果)의 허위성과는 다르게 하나님이 목적을 이루어 가심에는 선후가 분명합니다. 성경은 우리의 영광보다 하나님의 영광이 먼저라고 증거합니다. 곧, 마차를 말 앞에 놓는 어리석음을 경계합니다.

2) 성경은 하나님께서 저작하신 자기 소개서

(1) 성경은 하나님께서 자신의 본성(정체), 품성(속성), 우리 인생들과의 관계, 행적(창조와 구속), 약속(언약)과 섭리(경륜[經綸]), 하나님 나라의 비전(청사진)에 대하여 구체적으로 보여주신 자서전적 스펙 명세서입니다(암 3:7).

(2) 성경은 방대합니다. 무한자 하나님에 관한 정보는 최상의 지혜로 요약하고 압축하여도 방대할 수밖에 없기 때문입니다(성경의 규모: 구약 39권, 929장, 1331쪽; 신약 27권, 260장, 423쪽. 합계: 66책, 1189장, 1754쪽, 31175절, 136만 3천자; 한글개역 성경). 그 방대한 양의 정보를 소책자에 충분히 담아내신 것도 찬탄거리가 아닐 수 없습니다.

(3) 성경은 무오(無誤, inerrancy) 무류(無謬, infallible)합니다. 거짓이나 잘못된 곳이 없고 성경(원문)이 말하는 모든 것이 진리입니다.

(4) 성경의 내용은 통일되고, 그 의미는 단일합니다.

(5) 성경은 명료(clarity)합니다. 평범한 사람들이 사용하는 일반적인 언어의 법칙이나 문법으로 성경의 의미를 매우 분명하게 이해할 수 있도록 기록되었습니다(외적 명료성). 또 성령님이 조명하셔서 신자의 마음과 생각에 성경의 내용을 하나님의 진리로 깨닫게 하십니다.

(6) 성경은 충족(sufficient)합니다. (제4, 5문답) 우리에게 꼭 필요한 하나님에 관한 지식을 제공하기에 충분합니다.

3) 하나님께서 "사람에게 요구함"이란(제3문의 답 하) 창조자와 피조물의 필연적 관계에 의해서 마땅히 지켜야 할 도리를 말합니다. 아주 높으신 분이 아랫사람에게 '요구한다'는 것은 "이렇게 저렇게 하라"와 "하지 말라"는 명령과 금지를 의미합니다.

참조 성경에 대한 잘못된 견해들

성경 ⊃ 하나님 말씀 (contains, 일부 포함) ◉ ◐ 자유주의
성경 → 하나님 말씀 (becomes 된다) ◎ ▶ ◉ 신 정통주의(칼 바르트),
● 하나님의 말씀   ○ 인간의 작품

제3과
하나님[16] 알기

제4문답

하나님의 정체(正體)와 속성(屬性): 무한 · 완전하신 영(靈)

문. 하나님은 어떤 존재입니까?

답. 하나님은 영A (靈)이시며 그의 존재,E 지혜,F 능력,G 거룩(聖),H 의로움(義), 선함(善), 및 참됨(眞)I 등이 무한,B 영원,C 불변D하십니다.

Q. What is God?

A. God is a Spirit,A infinite,B eternal,C and unchangeable,D in His being,E wisdom,F power,G holiness,H justice, goodness, and truth.I

A 요 4:24. B 욥 11:7,8. C 시 90:2. D 약 1:17; 말 3:6. E 출 3:14. F 시 147:5. G 계 4:8. H 계 15:4. I 출 34:6, 7.

16 여기서 말하는 '하나님'은 일반 신(神)관념(god, divinity, deity; 우리말로는 하느님, 옥황상제, 염라대왕, 산신령, 삼신三神, 귀신 따위)이 아닙니다. 더구나 그리스나 로마 신화에 등장하는, 인간 스스로가 만들어 낸 것, 사람과 똑같은 희로애락을 가져 무속이나 미신적 두려움의 대상인 우상 신은 더욱 아닙니다. 성경이 말하는 유일신(영어로는 대문자로 표현 - God, Divinity, Deity)을 가리키는 고유명사입니다. 곧, 욥에게, 아브라함에게 나타나셔서 자신을 계시하신 바로 그 성경의 하나님을 가리킵니다.

해 설

제4문답에서 "답"의 문장 내용을 표로 정리하면, 아래와 같은 "속성 명세표"가 됩니다.

[속성 명세표]

	존재	지혜	능력	거룩	공의	선하심	진실
무한하심	○	○	○	○	○	○	○
영원하심	○	○	○	○	○	○	○
불변하심	○	○	○	○	○	○	○

하나님의 속성은 신적 완전성을 서술하는 많은 묘사 문장으로 표현됩니다. 곧 그 존재성이 무한하고 영원하며 불변하시고, 지혜가 무한하고 영원하며 불변하고…처럼 7개의 공유 속성 개념(가로줄) x 3개의 고유 특성(세로줄: 무한, 영원, 불변 - 비공유 속성) = 21개의 묘사 문장으로 표현됩니다. 모든 서술 문장들의 주어는 하나님입니다. 곧 "하나님께서는 '존재성'에서 무한하시다" 또는 "하나님의 '존재'가, '지혜'가, '능력'이 무한하다"는 식으로 하나님의 공유 속성이 '어떠하다'는 (무한, 영원, 불변 등의) 비공유 속성으로 서술됨으로 이른바 "인격화(人格化)"된 하나님을 묘사합니다.

47

제5문답

하나님의 단일성(單一性)/유일성(唯壹性)

문. 하나 이상 여럿의 하나님들이 계십니까?

답. 살아 계신 참 하나님A은 오직 하나뿐입니다.

Q. Are there more Gods than one?

A. There is but One only, the living and true God.A

A 신 6: 4; 렘 10:10(오직 여호와는 참 하나님이시요 살아계신 하나님이시요 영원한 왕이…).

해 설

1. 제4, 5문답에서의 가르침

1) 하나님께서는 절대 순수한 영(靈)이십니다.

2) 하나님께서는 인간과 공유하는 7-8가지의 속성 가운데 서너 가지의 특유성을 가지셨습니다. 내포를 구성하는 명제적 속성은 서른 가까이나 됩니다. (아래에 설명)

3) 이렇게 많은 속성을 지닌 실체는 하나님만이 유일하십니다(唯壹 One only: 수적 하나, 곧 단일하며, 질적인 하나, 즉 단순하시다).

2. 교리

교리란 성경을 객관적으로 체계화한 내용입니다. 그렇지만 오랜 세월을 지나며, 계시가 진전됨에 따라 그 어휘나 용어(신학 포함)가 성경의 서술과[17] 다를 수 있습니다.

제4문은 하나님은 '누구신가(who)'가 아니라 그 정체성(What God is)에 관한 것입니다. 곧, 그 속성으로 보아 하나님께서는 인간이 아니라 영적 존재라고 알려줍니다.

---

[17] 성경은 하나님(God, 엘로힘)에 관한 충분하고 실제적인 신지식을 제공하기 위해, 거의 모든 피조물을 동원해 하나님을 묘사하는 별명으로 사용합니다. 사실 하나님 자신으로서는 엄밀한 의미에서 이름이 없으실지라도(anonymous) 성경 계시에서는 많은 이름을(polynonymous in his revelation) 가지신 분입니다. 아우구스티누스는 "모든 것이 하나님의 이름이 될 수 있으나 그를 언급하기에 합당한 것은 단 하나도 없다(All things can be said of God, but nothing is worthily said of him)"고 말했습니다. 이처럼 하나님은 존재하는 모든 것이면서, 존재하는 그 어느 것도 아니십니다(He is both all that exists and nothing of all that exists). 성경에 자신을 계시하신 이름(name by which God reveals himself)은 구약에서만 10개 이상이고, 우리가 하나님을 부르는 이름(name by which we address him)은 수십 개(유대인들은 70개)나 된다고 합니다. 속성을 표현하는 용어가 많듯이 이름은 그 이상으로 많습니다. 그러나 그 많은 이름들로 불리시며 묘사되는 본체(또는 본질[本質]; Divine Essence, 하나님의 불가결의 본질)는 오직 '하나'입니다.

성경에서 '영(靈)'이란 말은 ① 본질(존재)의 정체성(영이심, 요 4:24), ② 삼위일체의 제3위이신 '성령'(요 3:8), ③ 천사들(왕상 22:22), ④ 성령으로 거듭난 사람의 '영혼'(요 3:6) 등 여러 뜻으로 쓰입니다. 이들의 공통적인 특성은 눈에 보이지 않는 비물질(非物質, immaterial)이라는 점입니다. 그러나 안 보인다고 해서 다 영은 아닙니다. 물질도 보이지 않는 경우가 있기 때문입니다. 성경에서 '영'과 같은 단어인 '바람(프뉴마)'은 기압 차이에 의해 이동하는 공기의 흐름을 말하는 것으로, 물질이지만 상온에서 기체이기 때문에 보이지 않습니다(요 3:8). 공기는 여러 성분으로 구성된 혼합물(질소 80%, 산소 20%, 약간의 수증기, 탄산가스 등)이므로 각 성분들로 분리가 가능합니다.

그러나 하나님은 보이지 않으실 뿐만 아니라 분리할 수도 없는 영적 단일체(靈的 單一體)입니다. 하나님은 본성(정체)이 단순(單純, 단일하고 순수)한 영이시므로 보이지 아니합니다. 그러므로 만물의 존재 원인이십니다(히 11:1-3). '영'이신 하나님은 진공이건 태양 속의 핵 융합로(核融合爐, 섭씨 일억도 이상) 속이건, 우주와 우주 밖 어디든지 무한 충만히 계십니다(내재성과 초월성). 하나님은 안 계신 곳이 없으시고(무소부재[無所不在]), 무한한 공간의 무변한(변두리 또는 끝닿는 데가 없음, immensity) 존재로서 어디에나(전재성) 계십니다. 순식간의 시간 안에도, 시간 밖의 영원 속에도, 언제나 꽉 차 계신다는 말입니다. 쉬운 말로 몸집(등치)이 무한히 크십니다. '영'이시기 때문에 가능합니다.

3. 속성의 분류와 목록[18]

성경전서 곳곳에서, 때로는 현실 정황 구석구석에서 우리가 경험하는 하나님의 속성은, 사람에게서 그 유비(類比, analogy)를 전혀 찾아볼 수 없는 비공유적 속성(非共有, incommunicable attributes)과 인간의 속성들과 공통점을 띠고 있는 공유적 속성(共有, communicable attributes)으로 구별합니다. 공유적 속성들로 분류된 항목들도 그것이 하나님의 속성인 만큼, 비공유 속성들 못지않게 비공유적인 것은 하나님의 완전하심 때문입니다.

오늘날의 표준 교과서에서 다루는 속성 목록은 아래와 같이 본 문답서 작성 때와 차이가 있습니다.

1) 오늘날의 하나님 속성 목록

하나님:(무한 완전하신 영)		인간: 하나님의 형상
비공유적 속성	공유적 속성	(살아있는 영혼) (불완전)
독립성	지식, 지혜	의존적
불변성	사랑, 선하심	가변적
무한성	거룩, 의로움	유한적
단순성*	진실, 주권	복합적/분할 가능

* 하나님의 단일 순수성(단순성) = 수적 단일성 + 질적 순수성(복합체가 아니며; 그의 완전성(행동 속성)과 본질이 서로 다르지 않음. 곧 그의 사랑이

---

[18] 뻘콥, 『기독교 신학개론』(1974), pp. 74-81; 거룩하심: 피조물과 구별되시며 무한하신 위엄으로 그들을 초월하심, 도덕적 초월성, 윤리적 완전성; 의로우심(righteousness/justice): 하나님의 거룩하심에 반역하는 모든 불경에 대하여 자신을 보호하시는 완전성, 곧 인간을 대하여는 행한 대로 갚음 즉 공평한 보응(시 18: 25-27). 의인의 의는 율법을 엄밀히 지키는 행위, 평가하는 기준/표준에 순응함; 선하심: 창조주가 지각 있는 피조물에 대해 느끼시는 애정; 주권(Sovereignty): 최고 절대의 권세 = 의지(will) + 능력(의지를 행사하는 권능); 진실성: 여러 면(내적 존재, 계시, 그의 백성과의 관계에서) 거짓이 없고 바르며 참되심; 사랑(Love of complacency) = 은총(grace) + 긍휼(mercy) + 오래 참으심(longsuffering).

바로 그 자신이시며, 그의 진실, 기타 속성들이 다 그 자신이심.

이는 제4문의 답(속성표)에서 비공유 속성 중 '영원성'(시간적 무한성)을 '무한성'에 묶고 '단순성'과 '독립성'을 추가하여 도합 4; 7개의 공유적 속성에서(가로줄 →)에서 '존재'를 빼고 '주권'과 '사랑'을 넣어 도합 8가지입니다. 이 4+8 =12가지 속성에 대한 설명은 박윤선, 『개혁주의 교리학』(영음사, 2003, 101-115)을 참조하시오.

4. 하나님의 무한하심 – 대표적 속성[19]

하나님의 존재(정체와 속성)를 말할 때 핵심은 하나님을 "하나님다우심"으로, 사람과는 전혀 다른 존재로 알리는 것입니다. 그것이 바로 "무한성"입니다. '사랑'이나 '영광'은 사람과 공유 범주에 속한 것이기 때문입니다.

'무한성'은 하나님의 절대적 특성을 묘사하는 부정(否定)의 방도(via negation)에 의해 취득한 하나님 지식입니다. 출생 전부터 어머니의 뱃속 좁은 공간에 갇혀 지낸 인간은 언제나 한정된 시공 속에 사는 데 익숙합니다. 우리 인간의 관념이나 언어 창고에는 '무한'이란 낱말이 없나봅니다. 그래서 우리에게 익숙한 '한계나 제한(limit)'에 부정어 '없을 무(無)'나 '아니 불(不)'자(불변[不變]에서처럼)를 더하여 천상에서나 경험 가능한 개념을 만들어낸 것이 '무제한(無制限)' 또는 '무한(無限)'입니다. 무

---

[19] 대요리 제7문답(What is God?)에서는 같은 문제를 다루면서도 그 답은 성경적 표현을 그대로 씁니다. : 하나님은 영이시니, 그 자신이 존재, 영광, 복, 그리고 완전성에서 무한하시며: 전-충족, 영원, 불변, 불가사의, 무소부재, 전능, 전지, 지혜와 거룩하심과 공의와 자비와 그리고 은혜로우심이 지극하시며, 오래 참으시며, 그리고 선하심과 진실하심이 풍성합니다(in and of himself infinite in being, glory, blessedness, and perfection; all-sufficient, eternal, unchangeable, incomprehensible, every- where present almighty, knowing all things, most wise, most holy, most just, most merciful and gracious, long suffering, and abundant in goodness and truth).

한성은 수량적 무한과 질적 무한으로 구분됩니다.

1) 질적 무한이란 그 성질이 완전함(perfection)을 의미합니다. 이 무한성은 8가지 공유적 속성을 하나님의 절대적 속성으로 자격 있게 하는 특성들입니다. 곧 "하나님은 지식, 지혜, 선, 사랑, 거룩, 의, 진실, 주권에서 무한하심"을 말하는 '완전하심'입니다. 표준 교재에서 이 항목들을 설명할 때 "~은 하나님의 완전성이다"라고 소개하는 이유입니다.

2) 수량적 무한에는 문자 그대로 수적 무한과 양적 무한이 있습니다. 양적으로 무한하다는 말은 하나님의 존재방식, 곧 무소부재(omnipresence), 편재(遍在, 두루 널리 퍼져 있음)를 묘사합니다.

5. 결론

1) 영(靈)이신 하나님의 속성을 규정하는 내포는 최소 30 명제 이상입니다. 이처럼 묘사하는 속성이 많음은 → 그 외연이 극단적으로 좁게 한정되어 유일한 존재로 수렴함 → 유일성.

2) 대표적 총괄 속성은 무한성[20]/충만성(렘 23:24)입니다. 다시 말하면 무한성에 적용되거나 해당되는 대상은 단 둘 뿐으로 하나님과 수(數) 밖에 없습니다. 수(자연수, 1, 2, 3, ⋯, 끝이 없음)는 그 집합(무리)의 멤버 수 효가 무한합니다.

---

[20] 시 145:3, "여호와는 위대하시니 크게 찬양할 것이라 그의 위대하심을 측량하지 못하리로다; Great is the Lord and most worthy of praise; his greatness no one can fathom." 하나님의 위대하심(무한성)은 초자연적 무한수이기 때문.

제4과

하나님 더 알기

제6문답

무한 지존자(無限 至尊者) 하나님의 내적 존재방식: 삼위일체 교리

문. 신격(神格) 하나님께서는 몇 위(位)로 계십니까?

답. 신격 하나님 안에 성부, 성자, 성령 세 위가 계시며; 이 셋은 한 하나님이시므로 본질은 똑 같으며 권능과 영광이 동등하십니다.ᴬ

Q. How many persons are there in the Godhead?

A. There are three persons in the Godhead: the Father, the Son, and the Holy Ghost; and these three are one God, the same in substance, equal in power and glory.ᴬ

A 요일 5:7("하늘에서 증거하는 이가 셋이니 성부와 말씀과 성령이라 이 셋은 하나이니라; For there are thre, which beare recorde in heauen, the Father, the Worde, and the holie Gost: and these thre are one." The Bible: Geneva Edition: 1st Printing, 1st Edition: 1560(웨스트민스터 총대들이 사용한 당시의 영어성경 - 제네바 버전-고어 그대로 옮김; 자세한 사연은 요일 5:8에 대한 박윤선 주석 참조); 마 28:19.

해 설

성경은 하나님의 단일성과 함께 복수성('우리'란 말로, 창 1:26)을 말합니다. 이에 따라 제6문답에서는 "유일하신 하나님 안에 세 하나님들이 계신다"는 것입니다. 삼신론, 사신론이 아니라 일 · 삼 (하나 안에 셋, three in one) 또는 삼일[21] 신론 (Trinity = tri + unity/triune God)의 진술입니다.

그러면 하나는 무엇이고 어떤 하나님이 셋인가? "한 신격 안에 세 위"라는 고전적 관용 어구(formula)[22]를 풀어 쓰면, "유일 신격(단일한 신성) 안에 내적 존재 방식이 뚜렷이 구별되는 세 위(三位)의 하나님들, 곧 성부 하나님, 성자 하나님, 성령 하나님이 계시되, 이 세 위격(位格)은 한 본질로서, 각각의 권능과 영광이 동일하시다는 것입니다. 이 세 위격의 하나님은 무엇(위격 속성)이 달라서 구별되는가 하면, 성부께서는 누구로 말미암지도 않으시고, 출생하거나 나오신 것이 아니며(unbegottenness); 성자께서는 아버지로 말미암아 영원히 낳아짐이 되시고; 성령께서는 아버지와 아들에게서 영원히 나오신다(spiration)는 것입니다."(웨스트민스터 신앙고백서 제2장 3항) 즉 '신격(본질)'이 하나이고, '위격의 하나님'이 셋이라고 합니다.

---

21 우리말에서와 달리 외국어에는 사물의 수효를 세는 별도의 단위가 없습니다. 우리말의 명/분(어르신), 대(차), 개(물건), 권(책) 채(집, 빌딩), 등처럼 말입니다. 예를 들면, 군인 두 명은 two soldiers: 사람 세 명은 three persons; 트럭 세 대는 three trucks; 빌딩 두 채는 two buildings, 책 3 권은 3 books. 개 두 마리는 two dogs 따위입니다.

22 "three persons in one substance, una substantia et tres personae(라틴어, 서방 교회)"; "three HYPOSTASES in one being, treis hypostseis, mia ousia (헬라어, 동방 교회)"

1. 일삼(一三) 또는 삼일(三一) (삼위일체 – triadic) 하나님 교리

> 하나 신격 Θ, 본질, 신성, 존재, Godhead, Essence:제 4,5문답의 하나님
> ----
> 셋 위격(位格) Θ –   성부 하나님   성자 하나님   성령 하나님
> 동일성:신성(본질)   초자연적 무한 성   아게네시아(시작 없음)   권능, 영광
> 　　　　　　　　　　　　　　　　　　　　agenesia
>
> 　구별점(위격속성):   아버지되심   낳아짐 filiation   나오심(발출)
> 　　　　　　　　　　 Agennesia,   자식됨 sonship   procession
> 　　　　　　　　　 unbegottenness   발생하심 generation   내쉬어짐 spiration
> 　　　　　　　　　 Paternity
> 位相: 제1   제2   제3
> :상호 내재/상호침투 circumincession , 페리코레시스 περιχωρησις
> Not existing alongside of and separate from one another, But in, through, unto(마주보고)

신격(神格, Godhead)[23] = 본질(Essence) 또는 존재(Being) = 신성 = 본체: 삼위 모두에게 차별 없이 동등하게(alike and equally) 공유되고 있는 신적 본성(divine nature), 곧 모든 피조된 존재들과는 전적으로 구별되는 초자연적 신적 특질, 그리고 삼위에 공통된 하나님의 속성들(제4문답)이 여기에 포함됩니다(초자연적, 초월적, 초경험적 무한성).

위(位, Person): 신적 본질 안에, 스스로 구별되는 세 요소, 곧 내적으로 구별되어 계시는 실체 (subsisting subject)인 세 하나님들을 지칭합니다. 이들 세 위격 하나님들의 내적 존재 (subsistence) 양식(위상)은, 사람 세 명(three persons – 각 개인은 구분되어 분리되어 있음)이 모여 있는 경우처럼 서로 옆으로 나란히 대어(alongside) 있는 것이 아니라, 각자가 서로 안에, 서로를 꿰뚫고, 서로를 향하여 마주 봄으로, 신성(신적 본질)이 각자

---

23 하나님 God 대신에 쓴 Godhead는 Godhood의 고어이며, '신격' 또는 '신성'이라고 번역됩니다. God에다 접미사 hood(존재의 상태[state of being], 또는 그런 상태, 특성 따위를 가진 자들의 모임, a body of persons를 나타냄)를 붙인 이 Godhead는 하나님의 본질(Divine Essence)과 같은 말입니다.

는 물론 모두에게 충만하게 되는(페리코레시스) 방식으로 계십니다.

우리말의 '위(位, 자리)'는 임금, 천자, 황제 같은 왕 이상의 높은 '자리'와 '등급', 그리고 '영체 (靈體, 죽은 사람의 영령[英靈] 같은)'의 수효를 세는 단위, 등 세 가지 뜻으로 쓰입니다. '위'에 해당하는 영어 'person'은 '사람' 또는 '개인'의 뜻으로 사람의 수효를 세는 단위이기도 합니다. 그래서 'person'을 '인격'으로 어색하게 번역해서 하나님을 피조물 인간 수준으로 격하시키는 것은 하나님의 무한성을 도외시하는 처사입니다.

영어 'person'은 라틴어 'persona'(얼굴, 낯, 가면, 마스크, 배역 등)가 어원입니다. 곧 사람의 일부인 '얼굴'로 사람 전체를 대표하여 나타내는 제유(提喩)적[24] 표현법으로, 삼위란 '세 얼굴' 곧 '세 사람', 따라서 우리 어법대로라면 '세 분 하나님'으로 오인될 수 있습니다. 하나님께서는 영이시기 때문에 영들의 수효를 세는 단위인 '위'[25]가 '얼굴'보다 훨씬 낫습니다.

삼일신론의 훌륭함은 하나님의 유일하심이라는 절대적 단일성이 다양성을 배제하는 것이 아니라 오히려 요청한다는 점입니다. 이처럼 하나님의 다양성(3위 실존)은 단일성과 통일성이 가히 최고임을 자세하게 설명하고 있다는 것입니다[26](바빙크).

하나님의 무한성은 삼위일체 교리(제6문답, 하나님의 내적 존재방식)를 설명하는 결정적 증거(증명)입니다(예증 illustration 이 아니라). (특주 참조)

---

[24] 제유법은 사물의 일부로서 그 자체의 전부를 대표하게 하거나, 전체로서 부분을 대표하게 하는 수사학적 기법을 말합니다. '위 = 얼굴 = 사람 = 두(頭).' 이와 관련하여 동방 교회에서는 라틴어 '페르소나' 대신에 '얼굴'에 해당하는 히브리어 '파님'(창 3:19, 얼굴에 땀이 흘러야)의 헬라어 '프로소폰, prosopon)을 사용합니다.

[25] 우리말에서는 죽은 사람을 셀 때 영혼과 시신(유해)에 대해 각기 다른 단위를 사용합니다. 시신에는 구(柩)를(예: 운구[運柩]), 영혼에는 위(位)를 사용합니다(예: 호국 영령 7위).

[26] The glory of the doctrine of the trinity consists in this that God's absolute unity does not excludes but demands diversity. God's diversity unfolds the highest unity.

특주

무한대 수학: 수 헤아리기(算數)

성경에서는(민수기를 비롯해서) 유난히 큰 수효(하늘의 별, 바닷가의 모래 등)를 셈하는 경우를 다루어 하나님의 무한성을 일깨웁니다. 질적, 시간적, 공간적 제한들, 곧 유한 세계에 살면서 하나님의 무한성을 제대로 생각할 수 있는 유일한 분야가 수의 영역이기 때문일 것입니다.

여호와께서 아브라함을 이끌고 밖으로 나가 묻습니다. "하늘의 뭇 별을 셀 수 있나 보라(창 15:5)." 아브라함은 아마도 "셀 수 없이 많습니다" 또는 "너무 많아 저는 셀 수 없습니다"라고 대답했을 것입니다. 별들의 수효를[27] 세시는(시 147:4) 창조주와 달리 인간은 수를 세는 '셈 능력'이 그리 크지 않습니다.

1. 수의 표기와 말(기호와 이름)

아프리카의 호텐토트(Hottentot)[28] 부족은 "하나, 둘, 셋, 많다"고 한답니다. 그들의 말이나 글에는 셋보다 큰 수의 기호와 이름이 없기 때문입니다.

열 개의 기호 0, 1, 2, 3, 4, 5, 6, 7, 8, 9로 된 아라비아 숫자는 전 세계적으로 널리 쓰이는 만국 공통언어입니다. 이 숫자의 장점은 크거나 많기에 상관없이 표기가 간단하다는 점입니다. 진법과 자리(숫자의 위치)로 수량의 크기를 표현하기 때문입니다. 곧 큰 수도 간편하게 표기할 수 있

---

[27] 영국의 BBC 방송국의 발표에 따르면(2012년) 사람이 육안으로는 5000개(오염이 없었던 아브라함의 시대에는 가시거리가 훨씬 컸으니 몇 배 더) 정도이고, 오늘날 가장 해상도 높은 망원경으로 센 수효는 7×10^{22}으로, 사막과 해변의 모래알(창 22:17; 히 11:12)의 10배라고 하니 실제로는 끝이 없다고 할 것입니다.

[28] George Gamow, One Two Three...Infinity, chap. 1, Viking Press, 1961.

습니다. 예를 들어 네 자리 아라비아 숫자로 표기된 수 7489를 로마 숫자로 표기하면 17 자리: MMMMMMMCCCCLXXXIX처럼 됩니다. 또한 거듭제곱 법을 사용함으로써 아무리 큰 수도 압축하여 간단하게 표현할 수 있습니다. 우리나라의 인구 오천만을 로마 숫자로 쓰려면, M(천, 로마 숫자 중 제일 큰 숫자)을 5만 번이나 써서 늘어놓아야 합니다. 아라비아 숫자의 거듭제곱 법으로는 5×10^7(5 곱하기 10의 7제곱이라고 읽음)으로 짧게 표현할 수 있습니다.

단위의 변환: 세는 대상의 수효가 많아지면 적당한 '단위나 진법(進法)', 곧 기호와 말의 변경으로 자리 수효를 줄이는 '묶음' 절차를 써서 간단하게 표현할 수 있습니다. 일상생활에서는 통마늘 한 접 반(150개), 김 한 톳(100장), 오징어 한 죽(20마리) 등으로 표현할 수 있고, 지폐도 금액을 달리하여 실제로 세거나 헤아리는 수효를 간편하게 표현할 수 있습니다.

2. 만진법(萬進法)과 천진법(千進法)

수효가 매우 커지면 십진법, 천진법, 만진법 등을 사용합니다. 단, 십(10^1), 백(10^2, 10의 두 제곱), 천(10^3, 10의 세제곱), 만(10^4, 네제곱)까지는 '십진법'입니다. 곧 10배씩 커질 때마다 새로운 이름이 생깁니다. 10의 열배는 '열 십'이 아니고 백; 백이 열이면 '십 백'이 아니고 천; 천이 열이면 '십 천'이 아니라 '만,' '만'을 넘으면 십진법으로 증가하여, 십만, 백만(10^6), 천만(10^7)이고, 만만은 '억(10^8)'이 됩니다. 곧 만 배씩 커져야 새로운 이름이 나타나는 '만진법'[29]입니다. 서양이나 과학계에서는 천진

---

29 인도를 포함한 동양권에서 만(10^4)배씩 커지면 억(10^8), 조(10^{12}), 경(10^{16}), 해(10^{20}), 자(10^{24}), 양(10^{28}), 구(10^{32}), 간(10^{36}), 정(10^{40}), 재(10^{44}), 극(10^{48}), 항하사(10^{52} - 인도의 갠지스 강(=항하/恒河)의 모래 수, 중국에서는 이 수를 '태극' 이라 함, 곧 태극기의 태극은 큰 수임), 아승기(10^{56}), 나유타(10^{60}), 불가사의(10^{64}: 말로 나타낼 수 없고 마음으로 헤아릴 수도 없는 오묘한), 무량대수(10^{68}) - 이름 있는 제일 큰 수.

법[30]을 채택하고 있습니다.

3. 셈(수효 세기)

어떤 대상의 수효를 센다는 것은 그 존재의 양(量)을 재는 작업입니다. 모든 물리적 양을 측정하려면 기준(표준)이 되는 도구가 반드시 필요합니다. 수효를 셈할 때의 잣대(도구)는 "자연수"입니다. 곧 1부터 시작하여 하나씩 더하여 얻는 수로 "디지털 잣대"라고도 말할 수 있습니다. 그래서 사전(디오텍)은 '세다'를 "사물의 수효를 알기 위하여 대상의 하나하나를 '자연 수의 차례'와 맞추어 나가다"라고 합니다. 곧, 수효를 헤아림은 "번호표"에 해당하는 자연수와 짝을 지어 나갈 때, 마지막 대상과 쌍을 이룬 자연수의 크기를 찾는 작업입니다.

→ 수효 세기(counting)는 디지털 표준 잣대인 자연수와 견주어보는 작업임.

보기 하나

한 주간에는 몇 날이 있습니까(일 주간 안에 있는 날의 수효는)?

세려는 대상 무리*	{ 일	월	화	수	목	금	토 }
짝지음	↕	↕	↕	↕	↕	↕	↕
자연수(잣대 무리)	[1	2	3	4	5	6	⑦ 8 9…]

---

[30] 영어로는: thousand (10^3) → million (10^6) → billion (10^9) → trillion (10^{12})…. 과학계(SI 단위, 국제 표준 단위로 쓰이는 수의 접두사)는, 킬로, K(10^3) - 메가, M(10^6) -기가, G(10^9) - 테라, T(10^{12}) - 페타, P(10^{15}) - 엑사, E(10^{18})…. 1보다 작은 소수(小數) 표기는 매우 정교하고 세밀하게 접두사의 이름들이 약속됩니다. 센치, c(1/100 = 10^{-2}), 밀리, m(10^{-3}), 마이크로, μ(10^{-6}), 나노 n(10^{-9}), 피코, p(10^{-12}), 펨토, f(10^{-15}), 아토, a(10^{-18}), 젭토, z(10^{-21}), 욕토, y(10^{-24})….

상하 화살표 ↕는 1:1로 짝을 지어 한 쌍씩 맞추어 대조해 나감을 의미합니다. 마지막 대상, 토요일과 짝된 잣대 위의 수 7(종말 점)이 정답입니다. "1주일은 7일이다. 한 주간의 날 수는 7이다. 한 주일에는 7 날이 있다"가 됩니다.

그러나 아프리카의 호텐토트 부족은 한 주간의 날짜를 셀 수 없습니다. 다만 "많다"고 할 뿐입니다. 그들에게는 '셋'보다 더 큰 숫자도 말도 없기 때문입니다. 그렇다고 이들이 국제 무역을 못하는 것은 아닙니다. 우리처럼 LC(신용장)로가 아니라, 현물이 조달되고, 흥정을 하고, 교환하려는 물물들의 짝을 맞추는 등 조금 더 절차가 복잡할 뿐입니다.

보기 둘

세려는 대상 무리가 비교적 많아서 준비한 번호표가 모자라는 경우

과수원에서 태풍 피해를 보상받기 위해 낙과(실체 무리)의 규모를 신고할 때, 가장 정확한 절차는 모든 낙과에 일련번호를 매겨 차례대로 늘어놓고 사진을 찍어 증거물로 제출하는 것입니다. 작년에 낙과 수효가 1248개였으므로, 금년에도 작년처럼 번호표 1500장을 만들어 낙과에 붙여 갔습니다. 그런데 금년에는 낙과가 너무 많아 번호표가 동이 났습니다. 만약 낙과의 수효가 1910개였다면 일련 번호 2000까지의 번호표 500장을 더 준비했어야 됩니다.

→ 표준 잣대(도량형기[度量衡器])에 해당하는 번호표의 수는 대상의 수효보다 커야 함.

4. 매우 큰 수 – 우리는 얼마까지 셀 수 있나?

이제부터 우리가 다루려는 대상은 한 주간의 일수나 낙과의 개수가 아니라 헤아릴 수 없을 만큼 큰 수효로 존재하는, 그래서 통상적 계수 방법

으로는 셀 수 없는, 물리, 화학, 수학적 대상물(원자 수, 분자 수, 정수, 홀수, 분수, 점, 곡선, 등)의 무리들입니다.

하늘의 별의 수효는 멀리 있는 별(밝기 = 등급)을 찾아내는 망원경의 성능의 향상에 따라 점점 많아집니다.[31] 오늘날 최신 망원경으로 센 별의 수효 칠백 해(7×10^{22})개는 두 차술(약 $2ml$)되는 물의 물 분자의 수효와 같습니다. 이 수효가 얼마나 큰가 한번 세어봅시다. 전 세계인이(70억) 남녀노소 불문하고, 죽지 않고 신들린 것처럼 1초에 하나씩 센다고 가정해도 30만년 이상이 소요됩니다.

큰 수를 세는 문제는 인구조사 같은 통계 방식(표본의 평균, 전체로 확대)과는 다릅니다(병력 - 예비 포함, 150만을 조사하는데 9개월 20일 소요, 삼하 24:9). 어릴 적 셈법 배울 때처럼, 별 하나 나 하나, 별 둘 나 둘…처럼, 하나씩 수를 더하여 갈 때마다 단위를 붙여가며 읽어야 하기 때문입니다. (23451은 2만 3천 4백 오십일처럼 숫자 이름(이 삼 사 오 일, 다섯 마디)의 약 배 되는(9 마디), 곧 22자리 수는 40 마디의 말을 해야 별 하나를 세게 됩니다. 평균해서 7초에 한 개씩 센다고 해도 200만 년 이상이 걸립니다. 결국 사람으로서는 셀 수 없고, 어느 정도인지 짐작이나 느낌이 없다는 말입니다. 그래서 여럿을 묶어 단위를 바꿉니다. 김 100장을 묶어 한 '톳'으로, 거리 9.5×10^{10} Km를 '광년'으로, 원자나 분자 6천 해(6000×10^{20} = 6×10^{23})개의 낱알을 '몰(mole)'이라고 합니다. 이처럼 현실적으로 의미 있는 큰 수들은 자(秭 = 10^{24}) 정도를 넘지 않습니다.

이 보다 더 많은 수효로 존재하는 실체가 있습니다. 지금까지 헤아려

---

31 예를 들면 16세기에는 788(육안, 티코 브라헤), 1725년에는 3000, 1860년까지는 324,000 개의 별이 성도(星圖, 별자리 지도)에 그 번호와 이름과 위치와 밝기 등이 수록되었다고 합니다(스콧 버니, 이시우 외 번역, 『관측천문학』, 3장, 미리내, 1998). 1970년대에는 천억(10^{11})이었고(『자연에 나타난 하나님의 교훈』, W. L. 콜맨, 나침반사, 1982), 2010년대에는 가장 멀리 볼 수 있는 망원경으로 센 별의 수효가 칠백 해(7×10^{22})였습니다.

본 것으로는 우주 안에 존재하는 원자의 총 수효는 3×10^{74} (3백만 무량대수), 천체 망원경(200인치)으로 보이는 우주 전체를 가득 채우는 데 필요한 모래알의 수효는 10^{100}입니다. 아마도 인간이 헤아려 본 가장 큰 수는 $10^{110} = 10^{42} \times 10^{68} =$ '100정 무량대수'일 것입니다. 이 수는 50개의 부호 (알파벳 26 + 숫자 10(0-9) + 보통부호(공백 괄호 따위) 14를 임의로 조합하여 한 줄에 65자씩으로 인쇄한 문장 줄(line)의 수효($50^{65} = 10^{110}$)입니다. 이보다 더 큰 수효로 존재하는 실체는 자연계(피조된 우주)에서는 생각할 수가 없습니다. 아무리 많다 해도 잣대인 자연수 번호표보다 많을 수는 없습니다. 이 잣대의 번호표는 '무한대(∞)'이기 때문입니다. 무한대 기호는 0을 누인 다음 양쪽 끝을 잡고 서로 반대 방향으로 살짝 비튼 모양(∞)입니다. "서울 인구는 천만(10^7)이다"처럼 "자연수의 수효는 무한대(∞)이다", 또는 "자연수에는 모두 무한대의 멤버가 있다"라고 말합니다. 그러나 실제적으로 수학에서는 10^{29} 이상이면 무한대(∞)로 여깁니다.

→ 현상계의 수효의 셈 잣대(자연수)의 크기는 무한대(∞) 이므로, 피조 자연계의 어떤 실체든지 그 수효를 세기에 충분함

특주

무한대 무리 무한성의 진실(참 모습)

* 무한수 무리의 비교: 칸토어(G. Cantor)[32] 방법(짝 맞추기)

1. 자연수 무리(집합 set)

자연수 무리{1, 2, 3, 4, … ∞}를 자세히 보면, 그 안에 내재하는 (subsist)/위상(位相)이 다른 (하위, 또는 부분 집합[subsets]) 두 무리를 구별할 수 있습니다. 곧, 홀수로 된 부분 무리 { 1, 3, 5, 7, … ∞}와 짝수로 된 부분 무리 { 2, 4, 6, 8, … ∞}입니다. 이를 수학적(논리적) 기호로 다음과 같이 표현합니다.

2. 정리들(定理): 정의(定義)나 공리(자명한 진리 요약)에 의하여 이미 진리임이 증명된 명제.

1) 두 부분 집합이 있음: [자연 정수 무리] ⊃ [홀수 무리] ∧(더하기, +) [짝수 무리]; 자연수 무리와 그 안에 들어 있는 홀/짝 두 부분 무리, 도합 세 무리의 크기를 '짝 맞추기 법'으로 비교하면

홀수 무리	1	3	5	7	9	11	13	15	17	… ∞
	↕	↕	↕	↕	↕	↕	↕	↕	↕	
짝수무리	2	4	6	8	10	12	14	16	18	… ∞
	↕	↕	↕	↕	↕	↕	↕	↕	↕	
자연수 전체(잣대)	1	2	3	4	5	6	7	8	9	… ∞

---

[32] 무한대 수학의 창시자인 게오르그 칸토어(Georg Cantor, 1845-1918)는 러시아 태생의 독일 수학자이며 그의 무한성 이론에 대한 연구는 조지 개모우(George Gamow), 『하나, 둘, 셋… 무한대』, 제1장에 평이하게 설명되어 있습니다.

2) 아무리 짝 맞추기를 계속해도 세 무리 모두에서 남거나 모자람이 없으므로 세 무리는 모두 그 크기(수효)가 동일(같음)하다는 결론에 이릅니다.

3) 무한대 무리에서 부분(집합)은 전체(집합)와 같습니다. 또는 무한대의 비교에서: 자연 정수 무한대와 부분(홀수/짝수) 무한대는 같습니다.

4) 두 부분무리(subset)의 구별 점(부분무리의 속성)[33]: 홀짝 성 – 각 무리의 모든 멤버가 2로 나누어 가면 (마지막 몫으로) 1이 남느냐(홀수); 떨어지느냐(몫=0)(짝수)의 여부로 구별됩니다.

5) 위상(位相): 상호 내재/ 상호 침투(헬, 페리코레시스 circuincession[34])
몸집(크기)이 같은 두 부분 무리가 같은 몸집(전체 무리) 안에 존재하는 방식에 주목하면,
(1) 홀수와 짝수 두 무리 각각의 멤버들이 끼리끼리 뭉쳐 두 무더기, 두 가닥, 또는 두 줄로 갈라지거나 분리되어 옆으로 나란히 포개져 (alongside of, 펜 북어쾌처럼 혹은 꼰 새끼나 땋아 늘어뜨린 댕기머리처럼) 있는 것이 아니고,
(2) 두 무리의 멤버들, 홀수와 짝수가 하나씩 교대로 연하여 무한히 계속되어 있되 흐트러져 이가 빠지거나, 꼬여서 겹치는 일 없이 이어져 전체의 순열을 이룹니다. 따라서 두 부분 무리 규모(차원)에서 보면, 두 무

---

[33] 구별(distinction), 구분(division), 분리(separation)는 다릅니다. 쌀과 팥으로 된 팥밥 한 그릇에서 '쌀과 팥을 알아보는'것이("내가 좋아하는 팥밥이구나!")구별입니다. 그래서 팥알을 일일이 골라내는 것이 구분이고, 팥만 따로 혹은 아예 다른 그릇으로 갈라놓는 것이 분리입니다.
[34] 김병훈,"삼위일체의 복수성과 단일성에 대한 현대 신학자들의 견해 탐구 (1): 칼 라너,"「신학정론」 27/2(2009): 257.

리가 서로 안에서, 서로 꿰뚫고, 상호 침투하여, 서로 마주 향하여(in, through, and unto each other) 있되, 균일하고 고르게 서로 스며들어 퍼져 있어 이음새나 경계 표시 없이 공존하는 방식이며,

(3) 두 부분 각자에 의해, 모두에 의해 무한성이 함께 공유되는 모양으로 두 부분과 전체가 자리하고 있음을 알 수 있습니다. 일찍이 동방교회의 성 다마스커스의 요한(675-749)에 의해서 제안된 성 삼위의 내적 존재(subsist)방식입니다.

결론적으로 자연 정수 무한대 안에 홀/짝 두 무한대, 도합 3 무한대들은 서로 같다

=〉자연 정수의 세 무한대는 모두 같다.

3. 초자연 무한대

칸토어가 이룩한 연구 결과를 증명 없이 정리(定理) 형태로 소개합니다.

정리 A. 초자연적 수학적 실체 무리(자연수 잣대로는 셀 수 없이 많은 수효로 존재하는 것) 안에는 (오직) 세 실체 무리들이 있다. 곧,

1) 모든 산술적 수 무리 = [자연 정수 + 분수]

2) 직선 위/평면 안/육면체 속의 기하학적 점들 무리

3) 기하학적 곡선 무리

도합 세 무리들이 있을 뿐입니다. 달리 표현하면, "초자연 무한대 알레프(히브리 문자 $\aleph$)에는 구별되는 세 초자연 무한대, $\aleph_0$ [0(영)차 알레프], $\aleph_1$[1차 알레프], $\aleph_2$[2차 알레프]가 있으니 이들의 공통점은 초자연 무한성($\aleph \gg \infty$)이다.

표로 정리하면

셈 대상 실체 / 수효	잣대의 크기/ 이름
① 자연수와 분수로 된 수(數)의 무리 / $\aleph_0$†	$\aleph_0$: 0(영)차 알레프†
② 직선상의 모든 기하학적‡ 점(點) / $\aleph_1$	$\aleph_1$: 1차 알레프
③ 모든 기하학적 곡선(曲線) / $\aleph_2$	$\aleph_2$: 2차 알레프

† '알레프, $\aleph$'는 히브리 알파벳과 엘로힘(하나님)의 첫 글자이며, 여기에 아래첨자 0, 1, 2로 차수(次數)를 표현하여 크기를 구별합니다(칸토르의 명명).

‡ '기하학적'이란 위치만 있고 크기가 없다는 말입니다.

$\aleph_1$은 직선(이나 평면 상, 또는 /육면체) 상의 기하학적 점들의 총 수효.

정리 B. 초자연적 무한 수: 세 알레프의 구별점과 동일점

구별성: 정체와 크기: (수, $\aleph_0$)〈 (점, $\aleph_1$)〈 (곡선, $\aleph_2$) 질서상 구별.

동일성: 초자연적 무한성(본질), 초월성(시공, 인간의 상상).

초자연수의 경우에도 유한수처럼 말합니다. 곧 "주사위의 6면에는 모두 21점들이 있다"처럼 "직선상에는 $\aleph_1$[35]개의 기하학적 점들이 있다", 또는 "모든 기하학적 곡선들의 총 수효는 $\aleph_2$ 이다"라고 말합니다.

자연수의 끝 수 무한대(∞)는 우리가 자연계(피조물)의 광대한 규모에 반응하는 직관적 규모감각이기도 합니다. 밤하늘에 반짝이는 별들의 수효, 망망대해나 하늘에 맞닿은 대평원의 지평선, 높아진 가을하늘을 또는 무한한 온 우주를 생각하면서 느끼거나 깨달아지는 무한성입니다. 반면에 "모든 자연수와 분수의 총 수효는 셀 수 없이 많다"는 말은 논리적

---

35 기하학적 점의 수는 공간적 크기, 선의 길이가 1m, 10Km, 넓이가 손바닥이건, 축구장이건 관계없이 그 위에는 $\aleph_1$ 개의 기하학적 점이 있음은 자명합니다(∵ 부분 = 전체).

(이론적)으로 분명합니다. 자연수의 수효만을 세는데 번호표가 이미 다하였기 때문입니다. 그래서 잣대를 연장한 마지막 수가 $\aleph_0$입니다.

4. 삼위일체 계시의 모형학(typology)

하나님께서는 여러 경로를 통해 자신의 존재와 속성을 드러내십니다. 앞에서(제4, 5문답) 가르침을 받은 바대로, 하나님은 모든 피조세계, 특히 인간과의 관계에서 그 위상이 엄청나게(하늘의 하늘만큼) 높으실 뿐 아니라, 그 존재 양상이 삼위일체로(제6문답) 계심으로써 우리의 이해와 생각을 초월하십니다.

"하나님은 몸소 자신을 묘사하여 자기 계시로 드러내신 그대로의 존재 (God is what he reveals himself to be)"이십니다.

하나님께서는 우리에게 자신을 무한자(無限者)로 계시하십니다. 무한 개념이나 경험이 없는 우리는, 아우구스티누스나 아타나시오스 등 경건한 신앙인들을 제외하고는, 제대로 이해하기 어려운 교리이므로 숱한 논쟁이 있어왔고 지금도 계속되고[36] 있습니다. 드디어 아들을 통해 말씀하시는 마지막 날들에 이르러 무한대 수학의 실례로서 무한자 하나님이 삼일신(三一神)이심을 설명하고, 초자연적 무한수 알레프들의 증거에 의해 삼위일체성을 입증합니다.

이 내용을 도식적으로 나타내면 다음과 같습니다.

---

[36] 김병훈, "삼위일체의 복수성과 단일성에 대한 현대신학자들의 견해 탐구(2)" 「신학정론」 28/1(2010): 103-124; 이승구, "사회적 삼위일체론의 위험성과 가능성," 「신학정론」 28/2(2010: p 408: 김병훈, "현대 삼위일체론 탐구(3): 레오나드 보프"「신학정론」 29/1(2011) : 99-120.

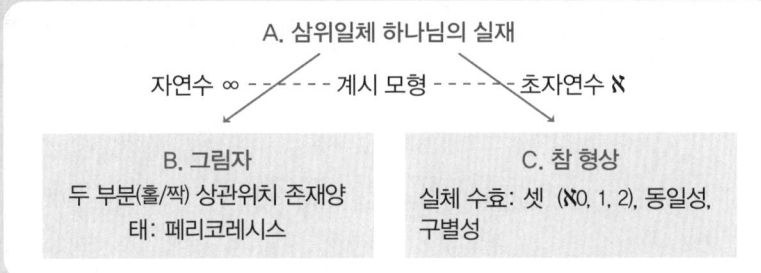

이 도식에서처럼 히브리서 어법의 모형론[37](히 10:1)의 '그림자'와 '형상'을 하늘 실재(삼일 하나님) 계시의 상보 관계로 생각할 수 있는 개념 영역은 유일하게도 '무한수'뿐입니다.

다시 말하면 무한수는 무한자 하나님의 유일한 모형입니다. 이는 온 우주 천지 안팎에서 무한성을 생각할 수 있는 실체는 하나님과 수(數) 둘 뿐이기 때문입니다.

여기서

A: 성경 말씀을 통하여 자신의 삼위일체 존재 실상(實相)을 계시하신 대로의 참 실재.

B: 실재의 예비적인 윤곽인 그림자에 해당하며, 누구나 쉽게 알 수 있는 자연수 무한대(∞) 성질을 통해

① 그 안에 두 부분 무리 (홀수/짝수)가 있으며,

② 전체와 두 부분의 상관 위치와 동일성, 그리고 하나님,

③ 구별되어 존재하는 두 부분무리의 존재양태/방식(페리코레시스)을 계시합니다.

C: 실재의 본질 또는 참 형상인 초자연적(자연수로는 셀 수 없는) 수학적 실체: 산술 수, 수효: $\aleph$ 〈 점, 수효: $\aleph$ 〈 곡선, 수효: $\aleph_2$, 셋뿐임을 계시합니다.

---

37 게할더스 보스 지음, 김성수 옮김, 『히브리서의 교훈』(엠마오, 1984), p. 54.

제5과

하나님의 작정

제7문답

하나님의 작정(作定)

문. 하나님의 작정이란 무엇입니까?

답. 하나님의 작정이란 당신의 기쁘신 뜻에 따라 결정하시고 다듬어 설정하신 '영원한 목적'입니다.A 하나님께서는, 이 작정에 따라, 앞으로 일어나게 될 모든 일들이 당신의 영광을 목표하고 진행되도록 미리 정하셨습니다.

Q. What are the decrees of God?

A. The decrees of God are, his eternal purpose, according to the counsel of his will, whereby, for his own glory, he hath foreordained whatsoever comes to pass.A

A 엡 1:4, 11("모든 일을 그의 뜻의 결정대로 일하시는 이의 계획을 따라 우리가 예정을 입어 그 안에서 기업이 되었으니"); 롬 9:22, 23.

제8문답

작정의 수행: 창조와 섭리

문. 하나님께서는 작정하신 바를 어떻게 수행하십니까?

답. 바라(창조)와 섭리라는 하나님께만 고유한 수단으로 계획하신 바대로 이루십니다.

Q. How doth God execute his decrees?

A. God executeth his decrees in the works of creation and providence.

해 설

전도서 3장에서는 천하만사가 때가 있다고 하면서(3:1), 하나님께서 사람의 마음에 영원한 것에 대한 소원(시간 개념)을 두셨다고 말합니다. 당신의 시간에 따라 작정하신 대로 아름답게, 곧 시간 스케줄(time schedule)에 따라 진행되는 자연과 역사를 통하여 그 계획의 영광을 나타내 보이시되, 사람으로서는 보이는 외면적 현상에 머물지 말고 시간적인 과정 속에서 하나님의 영원하신 목적을 찾아 알도록 하셨습니다(제1문답 참조).

하나님께서 일하시는 절차는 인간의 창조적 활동들(정신적 및 물질적), 예를 들어 건물을 지을 때 거치게 되는 운용 절차의 원형(原型)입니다.

1. 하나님의 작정

작정은 만물을 창조-섭리하시기 전에(창세 전) 속으로 생각하시고(내부적 사역) 아직 시간 안에서 실현시키지 않으신 복안(腹案)입니다.

하나님 작정과 실행(인간의 건축 활동에 빗댄 설명)

주체	1단계	→	2단계	→	3단계
하나님	작정		창조		섭리
인간	기획(설계)		시공(施工)		관리(유지보수)
	(要) 변경/수정/파기, 재료, 노동력, 공기(工期)				

성경은 하나님의 작정[38]을 추상적인 개념으로 어렵게 설명하지 않고 역사(歷史) 안에서의 실현을 통해서(역사적 사건으로) 제시하심으로 쉽게 이해시킵니다. 성경에는 작정의 영원성, 개인 및 사적인 행동거지에의 영향력, 궁극적 목적 등을 강조하는 많은 용어들이 작정의 동의어로서 등장합니다. 무한하시고 완전하신 하나님의 작정은 인간의 예정과 달리 하나님의 지혜로 시간의 시작 이전에 세워진 것이므로, 영원하고 불변적이며 무조건적입니다. 장차 발생할 일(사건)뿐만 아니라 실현되는 조건까지도 결정하십니다.

"되어진 것이나 되어질 모든 것이 다 하나님의 생각과 뜻의 실현(realization)이다." 그리고 "존재하는 모든 것은 하나님의 작정에 의해 그곳에 놓인 것이다", 또는 "하나님께서 계획하시지 않은 것은 아무것도 결코 일어나지 않는다"라는 말처럼, 하나님의 작정은 만물과 만사를 다 포함합니다(all-inclusive). 즉 인간의 모든 행위와 주사위, 카드놀이, 제비

---

[38] 계획 또는 뜻(엡 1:11), 기뻐하심(엡 1:9), 목적(prosthesis, purpose, 롬 8:28; 9:11, 우리말 성경에서는 '뜻'으로 표현), 미리 아심(롬 8:29; 벧전 1:2), 택하심(롬 9:11; 엡 1:4; 막 13:20), 예정(pro-orismos, 엡 3 :11; 딤후 1:9)등은 모두 '작정'을 달리 이르는 동의어에 해당할 수 있습니다.

뽑기처럼 확률에 의한 것 같은 우발적 사건(잠 16:33), 목적과 수단들, 생물과 사람 개개인의 수명, 심지어는 개인의 거주지, 거처까지 모두가 하나님의 작정에 포함되며, 일이나 사건 자체뿐 아니라 그것들이 일어날 때와 장소, 환경 및 조건까지도 정하셨습니다.

그러나 죄와 관련된 하나님의 작정은 허용적입니다(permissive with respect to sin). 허용적 작정이란 피조물이 스스로 결정한 죄악된 행동을 방해하지 않으시고 결과에 이르도록 통제하고 조절하기로 작정하셨다는 말입니다[39] (아담의 타락).

2. 하나님의 예정

예정(predestination)은 도덕적 피조물(천사와 사람)을 대상으로 한 작정으로, 이들 중 얼마를 선택하시어 특별은총을 베푸시고, 그 이외의 나머지는 버리기로 예정하셨다는 말입니다(선택교리).

1) 천사의 예정: 택하심을 받은 천사들과(딤전 5:21) 범죄한 천사들(벧후 2:4).

2) 그리스도에 관하여: 그리스도를 택하여 구속자, 중보자로 세우시기로 작정(벧전 1:20; 2:4).

3) 인생들(개인 선택교리): "선택이란, 인류의 얼마를 예수 그리스도 안에서, 그로 말미암아 구원하기로 하신 하나님의 영원한 목적"이라 정의됩니다. 즉 영생으로 선택된 자(elect)와 영원한 고통과 사망으로 유기

---

[39] God decreed not to hinder the sinful act of the creature's self-determination, but nevertheless to regulate and control its results.

(遺棄, reprobation, 버려짐)된 자를 미리 작정하셨습니다. 이 하나님의 예정(선택과 유기)은 무조건적입니다(행 2:23). '무조건적'이란 피택자에게 택할 만한 어떤 조건과는 상관없이 하나님의 선하신 기쁨에 근거한다는 것입니다. 우리의 믿음이나 자질 때문이 아니라, 영원하신 작정에 따라 그리스도 안에서 택하시고 구원하십니다.

예정론은 선택의 대상, 피택자의 수효, 구원에 이르게 하는 방법론, 시기(due time)와 구원 과정, 구원 받기까지의 우여곡절 등이 창세 전에 이미 하나님의 기쁘신 뜻에 따라, 당신의 영광을 위하여 정해졌다는 말입니다.

4) 예정과 작정의 차이점: 예정은 하나님의 택하신 자들의 구원에 국한되며, 작정은 모든 자연 만물을 총괄하여 관계하시는 하나님의 계획입니다.

5) 예정(작정)론에서 명심할 사항
(1) 예정은 하나님의 은혜와 공의를 크게 나타내시려는 하나님의 작정입니다.
(2) 구원(택하신 자에게 주시는 은혜)에는 원인이 없으나 진노하심(버리운 자의 범죄에 대한 공의의 심판)에는 이유가 있으니, 곧 평행적이 아니며 대칭적인 것도 아니라는 점입니다.

이 예정(선택 작정)이 타락 작정에 "앞서느냐 혹은 뒤서느냐"에 따라 타락 전 선택을 주장하는(전택前擇) 파와 타락 후 선택을 주장하는(후택後擇) 파의 논쟁이 있었으나, 강조하는 순서가 (목적론적/역사적) 다를 뿐으로 서로 모순되는 것은 아니라고 여깁니다.

제6과

하나님의 창조

제9문답

바라: 하나님의 천지창조

문. 하나님께서 이룩하신 바라(창조) 행적(行蹟)은 어떤 것입니까?

답. 바라(창조)는 하나님께서 "아무것도 없는 완전 무(全無)로부터 만물을 지으셨음"인데, 그것도 권능의 말씀만으로, 엿새 동안에, 더할 나위 없이 훌륭한 완성품으로, 우주 만물을 창출해 내셨음을 말합니다.ᴬ

Q. What is the work of creation?

A. The work of creation is God's making all things of nothing, by the word of His power, in the space of six days, and all very good.ᴬ

A 창 1장 전체; 히 11:3.

해 설

1. 하나님의 창조

하나님의 바라 – 전무(全無)창조

바라[40] – 오무(五無)창조 (Creatio ex (quini) nihilo)

> 하나님의 바라 = 전무全無에서 만물(현상세계)을 지으심
> 오무(五無)창조: ① 무시공(無時空) ② 무재료(無材料) ③ 무노동(無勞動)
>   ④ 무공기(無工期) ⑤ 무하자(無瑕疵)

1) 무시공(無時空)- 시간과 공간을 창조하셨습니다.

"시간과 공간은 물질(피조물)의 존재를 성립시키는 기초적인 근본 조건"이라는 철학자의 말처럼, 물질 없는 시간과 공간은 생각할 수가 없습니다. 물질(분자, 원자, 핵, 전자, 핵자 등)이 있어야 차지할 자리와 운동(변화의 진행)할 공간과 이 변화의 과정을 나타내는 척도로 시간이 정의(定義, define)됩니다. 다시 말하면 운동(움직임, motion)이 없으면 시간이란 개념이 있을 수 없으며, 운동은 공간이 있어야 가능합니다. 그래서 시간-공간-물질(재료 또는 질료)은 아무것도 다른 것 없이 홀로 존재할 수 없는 것입니다. 시간과 공간 어느 것도 피조물(어떤 재료)과 독립되어 따로 또는 미리 존재한 것이 아닙니다(Time is not something that was 'already there' when God began to create).

바라 이전 하나님께서 홀로(삼위로) 계실 때를 상상해봅시다. 하나님은

---

[40] 창세기 1, 2장에서 '바라' 외에 사용된 동의어들: '아사'(만들다, make: 제품으로 완성함[창 1:7, 16, 25, 26]); '야차르'(짓다, form: 기존의 재료로써 무엇을 형성함을 뜻함[2:7, 19]).

영이시니(물질이 아님) 차지할 공간도 필요 없고, 변함이 없으시니 변화를 매김 하는 시간도 필요 없습니다. 이처럼 시공(時空)은 하나님께는 필연적인 존재 형식이 아닙니다. 하나님은 영원하시기(무한히 변함없이 계속됨) 때문입니다. 이런 사실로 인해 하나님은 시간을 초월해 계신다, 또는 시간 밖에(영원에) 계신다고 하며, 예수님의 성육신을 영원으로부터 시간 안으로 들어 오셨다고도 말합니다.

어느 물리학자가 "시간이란 모든 것이 정지했을 때에도 계속 가는 것이다(Time is what happens when nothing else happens)"라고 정의했습니다. 그러나 태초에도, 지금도, 앞으로도, 하나님께는 시간마저 멈춘 것이 아니라, 아예 없었으며, 없으며, 없을 것입니다.

[무시간 = 무한한 시간 = 영원; 곧 무한한 것(시간적 영원)은 없는 것과 같은 의미입니다. 영원한 것은 보이지 않기 때문입니다(고후 4:18).]

2) 무재료(無材料): 기존의 물질적 원료와 공구, 도구, 장비 따위를 사용함 없이 창조하셨습니다.

3) 무노동(無勞動): 말씀으로, 명령으로(by fiat) 창조하셨습니다.

4) 무공기(無工期): 6일 동안에 완성. 어떤 선구체(先驅體) 곧 알이나 씨앗, 싹으로 만들어져 자라도록 된 것이 아니라 형상(형태), 질료(質料), 내용을 모두 갖춘 최후의 모습으로 창조하셨습니다. 즉 드러나 보이는 모양 그대로인 완성품으로 즉석 창조를 말합니다. 예를 들어 갓 창조된 아담(어른)을 오늘날의 생체 나이 조사법으로 알아보면 갓난애가 아니라 청년(30세? - 그렇게 보이도록 분장한 것이 아니라 실제로)입니다. 하나님은 처음 사흘간 일정한 영역을 구분하시고, 나머지 사흘 동안에는 거기에

살며 영역을 관리할 주관자(governor)를 창조하여[41] 세우신 것입니다.

5) 무하자(無瑕疵)/무결점(無缺點): 하나님이 평가하신 것처럼 흠이 없이 훌륭하게 창조하셨습니다. "보시기에 좋았더라"는 말은 하나님께서 그 창조물에 대해 "양호良好"로 평가하시고 매우 만족하시어 기뻐하시는 모습의 묘사입니다. 하나님의 창조는 완벽하여 부족한 것이나 실수, 미흡한 점이 전혀 없는 무하자의 창조였음을 알 수 있습니다. 다시 말해서 하나님께서 속으로 품으신 작정, 계획대로 이루어진 합목적(合目的)적 작품이었던 것입니다. '훌륭하다(good)' 히브리어로 '토브'는 보통 '선하다'라는 뜻도 있어, 악의 기원이 '바라'에 있지 않음을 알 수 있습니다.[42]

창조세계(우주)의 조직표

	하나님	
	사 람	
해,달,별	새,물고기	짐승,사람
(넷째 날)	(다섯째 날)	(여섯째 날)
빛	궁창 바다	육지,채소,과목
(첫째 날)	(둘째 날)	(셋째 날)

---

41 피조물임이 분명한(골 1:16) 천사들의 창조시기에 대해서는 성경에 확실한 증거가 없습니다. 하늘을 창조할 때 그 주관자로 창조하였다고 볼 수 있거니와, 성경이 말하는 안전한 진술은 제7일 이전으로 추론합니다(벌코프). 또 어떤 이는 사람창조 직전으로 보기도 하는데, 신곡의 저자 단테(Dante)는 반역천사의 타락이 창조된 지 20초 안에 되었다고 합니다(박형룡, p. 393).
42 하나님은 악의 조성자(author)가 아닙니다. 악의 기원은 만물의 본질적 성질에 있는 것이 아니고 만물을 오용한 존재들(천사, 인간)의 도덕적 패역(悖逆 rebellious-도리에 어그러져 패악하고 불순종=반역)에 있습니다(신정론 神正論 theodicy).

제10문답

사람의 특별 창조

문. 하나님께서 인간을 어떠한 존재로 창조하셨습니까?

답. 하나님께서는 사람을 남녀로 창조하시되 특별히 지식과 의로움과 거룩함에서 자신의 형상을 본떠서 지으셨으며 피조물들을 다스리게 하셨습니다.[A]

Q. How did God create man?

A. God created man male and female, after his own image, in knowledge, righteousness, and holiness, with dominion over the creatures.[A]

[A] 창 1:26("하나님이 이르시되 우리의 형상을 따라 우리의 모양대로 우리가 사람을 만들고")-28; 골 3:10("새 사람을 입었으니 이는 자기를 창조하신 이의 형상을 따라 지식에까지 새롭게 하심을 입은 자니라"); 엡 4:24("하나님을 따라 [참된] 의와 진리의 [참된] 거룩함으로 지으심을 받은 새 사람[new self]을 입으라").

해 설

1. 예사롭지 않은 인간 창조

원래 성경의 창조 기사는 하나님/사람(남 · 여)/동물들을 비교(동질성)와 대조(이질성)를 통하여 우주 세계의 계층적 창조질서를 암시합니다.

사람은, 같은(여섯째) 날 창조된 다른 동물들[43]하고는 여러 면에서 다릅니다.

1) 사람을 위한 별도의 본질과 목적을 구상(構想)하셨습니다(하나님의 형상/영혼 불멸성/ 통치 위임).

2) 사람의 영혼(생기, 생명 있는 숨, 창 2:7)은 하나님이 주셨으므로 하나님께로 돌아가나(전 3:21; 12:7), 짐승의 영은 육체와 함께 흙(땅)으로 가서 멸절됩니다.

3) 부부 간의 창조질서, 남녀의 유별(有別)성을 강조하여 계시합니다.
 (1) 남자와 여자로 창조했음을 명시하여 강조합니다(창 1:27).
 (2) 여자의 종속(從屬)성: 짐승의 경우와 달리 여자는 그 근원이 남자입니다. 곧 여자는 남자에게서 취한 갈빗대로 만드셨습니다(2:22). (여자의 머리는 남자, 고전 11:3-10; 여자는 남자의 영광: 여자는 남자를 영화롭게 할 자.)

---

43 사람과 동물의 공통점:
 (1) 몸과 호흡(혼, 영[spirit, 루아흐])으로 구성(전 3:18-20).
 (2) 생육하고 번성하는 생식기능을 위해 암수 쌍(사람은 남녀)으로 창조.
 (3) 벌거벗은 상태로 (의복은 필요악[必要惡]) 생활하도록 창조 - 타락 후 구별됨.

(3) 여자의 존재 이유가 옆에서 돕는 존재(suitable helper) 임을 명시합니다.

4) 결과적으로 이 창조질서를 이탈할 때 여성의 범죄에의 취약성이 드러납니다(교회의 여성성: 교회[신부]는 신랑 되시는 그리스도로부터 나심).

※ Once made equal to man, woman becomes his superior(소크라테스의 넋두리 - 한 600년 정도만 늦게 태어났어도!).

제1문답에서 생각한 바와 같이 인간 창조의 목적은 피조물에 반영된 하나님의 영광을 감상할 수준과, 영광을 같이할 만한 여러 속성들을 갖춘 존재로 세우는 것이었습니다.

2. 하나님의 형상[44]

1) 창세기 1:26에서 형상(image)과 모양(likeness)의 뜻

(1) 형상 - body; 모양-soul;

---

[44] [이해를 돕기 위한 비유] 사람을 창조하여 하나님의 파트너로서 피조물을 다스리게 하고자 하셨을 때, 피조물과 인간 자체에 깃든 하나님의 복되심과 영광의 단서들을 간파하는 능력 등을 고려하여, "① 사람도 당신 자신처럼, 천사들처럼, 순전히 영적인 존재로 지을 것인가; ② 하나님 자신의 무한한 권한, 능력, 완전성 등 자신의 속성들 중 어느 것을, 어느 선에서, 어느 정도까지 그리고 어느 만큼의 재량권을 위임 또는 양도할 것인가; ③ 천사의 타락과 같은 큰 반역을 미연에 방지할(교만을 견제할) 안전장치를 어떻게 할 것인가" 하고 고민하셨을 것으로 상상됩니다. 이런 상상은 "-이 있으라, 되어라!" 하고 일사천리로 진행되던 창조 작업이 사람 창조에 이르러서는 창조의 목적을 명시하셨으며(1:26), 지금까지의 창조 현황을 브리핑하는(창 2:4-6) 숨 고르기(여유)를 지나서, 2:7에 이르러 다른 피조물 때와는 완전히 다른 작업 과정(過程)으로 사람을 지으심으로 보아, 우리의 이해를 돕습니다. 마침내 하나님께서는 하나님의 자기만족의 사랑(love of complacency)으로 인생들로서는 상상조차 불가능한 모험을 감행하십니다. 자신의 공유적 속성(대표로 의로움과 거룩함[엡 4:24], 지식[골 3:10])과 주권(의지의 자유) 등의 유전인자를 인간에게 전달해 주시기로 하십니다. 이 특질을 흙으로 된 그릇(earthen vessel)인 몸에 담아, 하나님의 형상인 영혼의 활동 도구로 삼아 주시기로 하신 것입니다. 불멸적인 영적 존재(spiritual, rational, moral, and immortal being), 하나님보다 조금 못한 존재, 만물을 그의 발아래 두심으로 만물을 다스리는 존재, 즉 하나님과 여타 피조물 중간에 오도록(제9문의 조직표처럼) 빚으시되(시 8:5, 6) 확정적인 것은 아니었으니, 바로 인간성 곧 '죄 지을 수 있는,'(제18, 19문) 유예적이고 수습(修習)적인 존재로 만드시어 시험단계를 거치도록 하셨습니다.

(2) 아우구스티누스: 형상 – 영혼의 지적 특성, 모양 – 도덕적 특성

(3) '모양(likeness)'이란 '형상(image)'을 설명하기 위해 반복한 말이어서 두 말 뜻에 별 차이가 없이, '비슷함' 또는 '유사함', 즉 '닮았다'는 뜻을 강조.

(4) 70인역(Septuaginta)에서는 '형상'을 '에이콘(eikona, icon, 아이콘)'으로, '모양'을 '호모이오시스(homoiosis, likeness, 유사성)'로 번역하였으므로 서로 어긋나는 뜻일 수도 있습니다. '에이콘'은 형상이라는 뜻 외에 원형(archetype)이라는 뜻도 있으니, 하나님 자신을 '원형'으로 하여 인간을 창조하시되 '모양, 호모이오시스, 유사(類似)성'을 덧붙여 존재, 곧 본질에서 하나님과 인간의 이질성에 대한 언급일 수도 있습니다. 유사성의 언급은 매우 중요한 구별성을 시사 또는 전제하기 때문입니다. 비근한 예로, 예수님을 '보이지 아니하는 하나님의 형상(에이콘)'으로 묘사하는 대목(골 1:15)에서, 형상이란 원형(성부 하나님)을 대신해서 인간에게 나타내는 실상(實像)을 의미합니다(박윤선). 원형과 이를 나타내는 형상(실상)의 본질이 동일하시므로 더 이상 설명이 필요 없게 됩니다.

2) 하님의 형상의 의미

(1) 사람으로 하여금 하나님을 알 수 있도록 지으셨음을 가리킵니다(박윤선).

(2) 사람이 창조된 대로 원래의 '자연적 완전성' 상태에서 소유한 신적 형상은 지혜, 공의, 성결, 및 불멸성이었습니다(아우구스티누스, E. H. 클로체, 강정진 옮김, 『기독교 교리사』[기독교문서선교회, 2002], p.155).

(3) 신약적 좁은 의미로 인간이 창조 시 받은 영적 특질들(참 의와 거룩 – 엡 4:24; 지식 – 골 3:10)을 말합니다(칼빈).

하나님과의 관계	지식	의로움	거룩함
	계시 · 뜻/이해	순종	그만 섬김
	선지자	왕	제사장
자의식(自意識)	생각(知)	행함(意)	느낌(情)

지식에서 하나님의 형상: 아담은 하나님의 뜻과 계시, 만물의 참 본성을 이해할 수 있는 지성과 지능, 통찰력을 가진 자로 창조되었습니다. 이는 각종 동물과 하와의 명명에서 드러납니다. 당시 아담은 참된 선지자(선견자)였습니다.

의로움에서 하나님의 형상: 의란 하나님께 순종함으로 하나님의 뜻하는 바를 행하는 것입니다. 즉 하나님의 옳은 길로 행하는 통치자 왕으로 창조되었습니다.

거룩함에서 하나님의 형상: 다른 피조물과 구별되는 하나님의 완전성을 따라 지음을 받았습니다. 하나님을 위하여 구별되어 헌신하는 제사장으로 지음 받았으므로 하나님 안에서 즐거움과 평안을 느꼈습니다.

그러므로 아담은 선지자로서 하나님의 뜻을 알고, 모든 피조물을 다스리는 왕으로서 일하며, 제사장으로서 하나님만을 섬기기를 원하는 모습으로 창조되었습니다.

구약에서 말하는 포괄적 의미의 형상은, 인간이란 영적이며, 이성적이며, 도덕적이며, 불멸적인 특질들이 물질적 실체가 아닌 육체적 기관(그릇)에 담아진 영적 존재라는 점입니다. 특히 열등 피조물 지배권이 이 형상에 포함된 것이 중요합니다. "다스리도록(dominion over)"이란 세 가지 직분을 통해서, 위로는 하나님, 옆으로는 자신 또는 다른 인간, 아래로는 여타 모든 피조물과의 바른 관계에서 하나님의 뜻과 목적에 부응하도록 섬기며 관리함을 말합니다.

제7과
하나님의 섭리

제11문답

하나님의 섭리(攝理)(Works of providence)

문. 하나님의 섭리하심이란 구체적으로 무엇을 말합니까?

답. 하나님의 섭리하심이란, 지극히 거룩하심과^A 지혜와^B 권능으로 자신의 피조물을 보존하시며^C 그들의 모든 활동들에^D 협력하시어 애초에 작정하신 만물의 존재 목적에 부응하도록 지도(指導)하시는 일을 말합니다.

Q. What are God's works of providence?

A. God's works of providence are, his most holy,^A wise,^B and powerful preserving^C and governing all His creatures, and all their actions.^D

A 시 145:17.

B 시 104:24; 사 28:29("이도 만군의 여호와께로부터 난 것이라 그의 경영은 기묘하며 지혜는 광대하니라").

C 느 9:6("모든 것을 지으시고 다 보존 하시오니 모든 천군이 주께 경배하나이다"); 히 1:3("그의 능력의 말씀으로 만물을 붙드시며 죄를 정결하게 하는 일을 하시고").

D 시 103:19("여호와께서 그의 보좌를 하늘에 세우시고 그의 왕권으로 만유를 다스리시도다"); 마 10:29-31.

해 설

	작업	대상	수단
(1)	보존	모든 피조계	거룩 / 지혜 / 유능(有能)
(2)	통치	모든 피조물	거룩 / 지혜 / 유능
(3)	지도	저들의 행위	창조 목적(영광)으로

[대요리문답 제19문답]

문. 천사들을 상대한 하나님의 섭리는 무엇입니까?

답. 하나님께서는, 천사에 대해 두 가지로 섭리하십니다. 곧 어떤 천사들에게는 저들의 고집대로 돌이킬 수 없는 죄와 영벌에 빠지도록 허용하시되,[1] 저들의 모든 죄행(罪行)을 한정하며 주문하시므로 하나님 자신에게 영광이 되게 하십니다.[2] 나머지 다른 천사들은 거룩하고 행복하게 설정하시고[3] 이들 모두는[4] 당신의 권능, 자비, 그리고 공의를 집행하는 등 하나님께서 기뻐하시는 일에 고용하십니다.[5]

[1] 유 6절; 벧후 2:4; 히 2:16; 요 8:44. [2] 욥 1:12; 마 8:31. [3] 딤전 5:21; 막 8:38; 히 12:22. [4] 시 104:4. [5] 왕하 19:35; 히 1:14.

- 사탄은 하나님과 동등한 존재(2원론)가 아니라 하나님에 의해 그 타락이 허용된 (교만함 때문에) 타락한 피조물 천사일 뿐입니다.
- 사탄도 역기능적으로 하나님을 영화롭게 함에 이바지합니다(잠 16:4).

1. 하나님의 섭리

성경이 말하는 대로 우리가 아는 것은, 하나님께서 제2의 하늘과 땅을 작정하시고 창조하시지 않는 한, 지금 하나님의 주 업무는 이미 창조한 피조물 전체를 돌보시며 지도 관리하시고 다스리시는 일입니다. 하나님의 기쁘신 뜻에 합당하게 다스림을 의미하는 섭리하심의 구체적 업무내용은 ① 모든 존재들을 보존하심, ② 그들의 작용, 운용, 운영 등, 사사건건에 협력하심, ③ 자신의 영광을 위하여 만물의 정해진 목적으로 인도하시는 통치하심입니다. 이들의 특징은 섭리하시는 목록 모두를 수식하는 세 가지 형용사적 '거룩, 지혜, 권능'이 세 목록인 보존, 협력, 통치 모두에 걸린다는 것입니다.

1) 보존: 만물의 존재와 행동을 지탱하게끔 떠받치는 하나님의 지속적인 활동으로, 세계는 이 신적 권능의 계속적인 행사에 의해서 계속 존재하게 됩니다.

2) 협력(Divine Concurrence; Cooperation): 하나님께서 모든 피조물과 합력하사 그들의 행사가 정확히 제대로 진행되도록 협동하시는 활동을 말합니다. 모든 피조물의 모든 소행에 작용하시어 영향력을 행사하심이니, 피조물로 하여금 행동하도록 자극하시며, 그들의 활동에 동행하시며, 그 행동을 유효하게 하십니다(operative). 다시 말해 만물 안에서 이미 세우신 "자연법칙과 인간 마음의(심리학) 법칙들(제2원인들)"을 따라 작동되도록 작용하심으로 만상이 일어나고 진행되고 결과를 낳게 된다는 말입니다 이 섭리에는 죄의 허용적 작정의 실행도 포함됩니다. 그러나 하나님의 협력 행위로 결과된 인간의 죄악에 대하여는 어떠한 책임도 없습니다.

3) 통치(인도하심, guidance): 만물이 그들의 존재 목적에 부응하도록 그들을 다스리시는 하나님의 계속적인 활동입니다. 하나님은 우주의 왕으로서 그의 선하신 기쁨에 따라 만물을 다스리심으로, 경륜 시대에 따라 통치스타일이 바뀌는 것이 아닙니다. 다만 만물의 방향을 지도하실 때, 통치 대상(피조물의 본성 - 물질세계와 영적 세계)에 따라 그 통치 규칙을 달리하십니다. 그리고 이 통치는 보편적이면서 개별적이기도 합니다(단 4:34, 35; 마 10: 29-31).

2. 섭리의 성격

'창조'가 하나님 존재의 '초월성(초자연적 존재; 유한한 피조세계 위에 높이 계심)'을 말하는 것이라면, '섭리'는 피조세계 가운데서 일하시는 '내재성(무소부재, 시 139편)'을 말합니다. 만물의 존재와 활동 가운데 내재하시어 그 가운데서 당신의 예정을 집행하시는 활동이므로 그 성격은 하나님의 작정(제7문답)과 같습니다.

3. 섭리의 대상

일반 섭리: 우주 전체, 만유를 다스리시며 통제(control).

특별 섭리: 우주의 각 부분을 돌보심(care, 인간사 특히 하나님의 자녀들).

비상(extraordinary)섭리(이적): 제2원인(자연의 세력이나 인간의 활동을 통한 질서 있는 방법)을 경유하지 않고 일어나는 제1원인(하나님의 작정)에 의한 행사. 초자연적 섭리라고도 합니다.

1) 섭리 활동의 구체적인 통치와 지배의 대상들

(1) 우주 전체: 시 103:19; 엡 1:11.

(2) 물리적 자연계: 시 104:14; 마 5:45.

(3) 동물들의 세계: 시 104:21, 28; 마 6:26.

(4) 국제적 및 국가적 사건들: 욥 12:23; 행 17:6.

(5) 인생의 출생과 운명: 시 139:16; 갈 1:15,16.

(6) 보기에 우발적이거나 사소한 사건들: 전 16:33; 마 10:30.

(7) 의인의 보호와 기도의 응답: 시 121:3; 시 65:2; 마 7:7.

(8) 악인의 적발과 징벌: 시 7:12, 13; 11:6.

2) 인간 섭리: 작정하신 수준(A+)보다 10퍼센트(?) 낮은 수준(A, 선과 축복의 미확정)으로 창조된 아담이 에덴동산에서의 수습(修習) 기간이 끝나고, 이제 승급(昇級)시험(순종 여부 테스트)을 치르게 됩니다.

제12문답

인간 섭리(다루심)의 근본(根本): 언약

문. 아담이 타락 이전 무죄 시기, 곧 창조 받은 대로의 본래 상태의 인간에게 하나님께서 취하신 특별한 섭리적 조치는 무엇이었습니까?

답. 하나님께서는 사람을 창조하신 후에 온전한 순종을 조건으로 그와 생명의 언약을 맺으셨습니다. 곧 선악과만은 먹지 말라고 명하시면서, 먹는 날에는 사망의 고통이 따를 것임을 경고하셨습니다.[A]

Q. What special act of providence did God exercise toward man in the estate wherein he was created?

A. When God had created man, he entered into a covenant of life with him, upon condition of perfect obedience; forbidding him to eat of the tree of the knowledge of good and evil, upon the pain of death.[A]

[A] 갈 3:12; 창 2:17; 호 6:7("그들은 아담처럼 언약을 어기고 거기에서 나를 반역하였느니라").

해 설

1. 언약

하나님의 형상으로 창조된 최초의 사람 아담이 받은 계시(내외적 자연계시)와 에덴동산에서의 현장실습을 감안하면, 그 자질과 실력은 수습기간을 마치기에 충분하였던 것으로 생각됩니다. 아담에게 시험문제가 출제되었기 때문입니다. 시험문제는 "선악과는 먹지 말라, 먹으면 죽으리라"는 '명령과 경고'였고, 그 답안은 순종/거역의 행위로 답하게 되어 있었습니다(창 3:16, 17). 우리는 수습기간과 시험기간이 얼마 동안이었는지 모릅니다. 다만 알 수 있는 것은 원래 아담은 의지의 자유를 부여 받았고(웨스트민스터 신앙고백 제9장 1항), 뱀의 충동질에 자유의지를 행사한 결과 하나님의 명령을 거역하게 되었다는 것입니다(제13문답). 성경은 이 명령과 경고를 하나님이 아담과 맺으신 언약이라고 말합니다(호 6:7).

2. 신구약성경에서 언약(베리트 287회[구약]; 디아테케 33회[신약])

- 하나님께서 자기 백성을 섭리하시는 방편/의사소통의 방식
- 신정론(하나님을 사람과 같은 수준으로 곡해한 신관을 바로잡음)적 개념
- 맹세(엄숙한 선포)에 의해 속박을 받는 약속(언약, 맹세, 서원[전 5:4-6])
- 성경의 모든 내용
- 명령(하신 말씀); 율례 - 시 105:8-10.; 렘 11:4-8. 언약궤(계명)
- 새 언약 - 복음(렘 31:31-33)

3. 언약의 종류: 조건의 유무에 따라 무조건적 언약, 조건적 언약

하나님의 언약은 인간이나 국가 간에 이루어지는 계약이나 협약, 또는

조약(agreement/ pact/treaty)과 달리, 그 약관(約款)⁴⁵ 내용이 당사자 간에 협의하여 타결된 쌍무협약이 아닙니다. 상급자의 명령 또는 유언자의 유언처럼, 하나님께서 아담과 상의하지 않으시고 일방적으로 요구하신 것이기 때문입니다.

4. 고대 근동의 언약 유형

고대 근동의 언약 유형은 히타이트 문서(주전 15-7세기) 중에 나타나는 "군신(君臣)조약"에서 보듯 '나-너(I YOU)'형식입니다. 군신조약이란 종주국의 군왕(군주)과 속국 왕들 간에 체결한 조약을 말합니다. 히타이트 조약문서들의 약관은 대개 다음과 같은 6가지 조항들로 구성되었습니다(『성경과 하나님의 언약』, p. 29, 존 징컨트 지음, 김영철 옮김, 여수룬, 2006).

① 군주를 소개하는 전문(前文).
② 군주의 업적을 약술하는 역사적 서문.
③ 조약 규정들: 완전한 충성을 요구, 다른 나라와의 동맹을 완전히 금지함.
④ 신들을 불러 조약의 증인으로 삼음.
⑤ 복과 저주의 선포.
⑥ 조약의 영구화를 위한 조치: 조약문서의 보관, 속국 왕의 계승자와 조약을 갱신하는 일 등의 언급.

이 조약 형식은 우리가 익히 알고 있는 십계명(출 20:1-17)의 시작과 명령 규정들을 조약(언약)으로 이해하는 데 많은 도움을 줍니다.

언약은 이미 설정된 사실관계를 전제로 상호 신분과 지위 등의 차별성

---

45 약관(約款): 계약이나 조약 등에서 정해진 하나하나의 조항.

을 재확인하고 순종과 보상을 규정하는 언명입니다. 하나님께서 인격체를 섭리하시는 주된 방침이 바로 이 언약입니다. 언약을 통하여 자기를 계시하시며 이를 수단(위협과 달램)으로 자기 백성을 복된 자리로 이끄십니다.

- 쌍무 협약(parity covenant): 아브라함과 아비멜렉의 계약(창 21:27); 이삭과 아비멜렉의 계약(창 26:28), 요나단과 다윗의 계약(삼상 20:13, 16-17).
- 재가(grant) 언약: 상급자가 하급자에게 약속함.
- 율법 언약(covenants of law): 맹세는 하급자가 하고, 상급자는 자기 뜻을 부과하고 순종을 요구함(출 24:3).

모든 언약은 희생제사와 피 흘림에 의해 비준됩니다.

5. 성경의 언약

- 노아와 맺은 언약(창 6:18; 성경에서 최초의 언약): 주권적인 은혜 베푸심. 따라서 재가 언약. 보편적이며, 무조건적이며, 영원한 언약. 징표: 무지개.
- 아브라함 언약(창 15장): 순종의 요구나 아브라함의 약속과 무관: 무조건, 하나님 홀로 맹세(창 22:15-18). 할례.
- 모세 언약(출 20-24장; 갈 3장): 아브라함 언약 후 430년(갈 3:17), 율법 언약, 맹세는 하급자만(하나님 맹세 없음), 복-율법 순종 여부, 불순종 때의 저주, 요시아 갱신(왕하 23장)
- 다윗 언약(시 89:3-4): 멜기세덱 관련 맹세 - 레위 지파 제사장직의 폐지(히 7:11-14) - 그리스도의 제사장직 예기(히 7:20-22).

6. 구약에서 중요한 하나님의 맹세 4개

① 노아(창 6-9); ② 아브라함(창 17-22); ③ 다윗 및 자손(시 89); ④ 다윗에게 하신 멜기세덱에 관한 맹세(시 110편)

7. 신약의 언약

신약의 언약은 아브라함 언약에 의해 예기되고, 렘 31:31-34에서 의해 예언되었습니다. 아브라함 언약은 "먼저 전해진 복음(갈 3:8)"으로, 주님이 "아브라함은 나의 때 볼 것을 즐거워하다가 보고 기뻐하였느니라"(요 8:56)고 말씀하신 것의 이유이기도 합니다. 아브라함과의 약속에서 나타난 복음 구성의 핵심 요소는 선택, 약속, 믿음, 피 흘림, 상속, 확신 등입니다.

사도 바울은 모세 언약을 평가하기를 율법은 가입된 것(롬 5:20; 갈 3:19)이라고 했는데, 우리 복음은 모세 언약이 아니라 아브라함 언약에 유비될 수 있으며(갈 3:7), 율법은 잠정적으로 주어진 것이라고 할 수 있습니다(갈 3:25).

새 언약은 최후의 만찬 석상에서 반포되었습니다(눅 22:20). 이는 예레미야 예언의 성취이자 하나님께서 아브라함에게 약속하신 내용의 완성입니다. 그 의미를 요약하면 다음과 같습니다.

① 예수께서 피를 흘리실 것이다.
② 이 피 흘림은 새 언약을 위한 것이다.
③ 새 언약은 죄의 용서를 약속했다.

언약은 유언을 의미하는(히 9:16, 17) 재가 언약입니다.

새 언약은 마지막 뜻과 유언을 가리킵니다. 유언에는 유산과 유물이 (죽기 전에 의도했던) 포함됩니다(요 17:24).

제8과

인간론:
인류의 타락

제13문답

우리 첫 조상 내외분의 언약적 실패

문. 우리의 첫 조상(始祖)이 창조된 대로의 본래 지위를 그대로 유지했습니까?

답. 우리 첫 조상은 창조될 때 받은 자기네 의지의 자유를 행사한 결과 하나님을 거슬러 죄를 지어 본래 지위에서 타락하였습니다.ᴬ

Q. Did our first parents continue in the estate wherein they were created?

A. Our first parents, being left to the freedom of their own will, fell from the estate wherein they were created, by sinning against God.ᴬ

A 창 3:6-8, 13; 전 7:29("곧 하나님은 사람을 정직하게 지으셨으나 사람이 많은 꾀들을 낸 것이니라").

해 설

"우리 첫 조상은 자기네 의지의 자유를[46] 행사한 결과" 타락하였다고 합니다. 다시 말해서 그들 마음이 가는 대로 선택하고 판단하는 자유로운 상태였습니다. 창조 시에 받은 원래의 자유의지대로라면 죄를 안 지을 수 있었습니다.

타락의 결정적 요인은 뱀(마귀)의 유혹입니다(창 3:1). 유혹은 "상대의 마음을 뺏는(장악하는) 과정"의 하나로, 악인 또는 사탄이 애용하는 전형적인 수법입니다. 상대방의 마음을 얻는 수단에는 거짓말로 꾀거나 사랑의 실천을 통해서 두드리는 두 가지가 있습니다. 우리 조상의 범죄/타락 사건에는 마귀가 거짓말로 하와를 속이고, 하와가 속아서 범죄하는 사실로 나타납니다.[47]

의미가 머무는 언어라는 장소는 단층집이 아닙니다. 성경은 함축 의미와 다중 의미로 가득 찬 유기적 언어의 복합체입니다. 구원에 관한 단순한 정보나 단일 의미체인 신호들의 모음집이 아닙니다.

---

[46] 아담은 자유로운 상태, 곧 의지의 자유함을 가지고 창조되었습니다. "하나님께서 본래 인간에게 주신 의지는 천성적으로 자유로운 것이었으니 곧 외부적 강요나 자연의 어떤 절대적 필연성에 의해 선악 어느 한쪽으로 기울도록 정해진 것이 아니다"(웨스트민스터 신앙고백 제9장 1항).

[47] 하와가 뱀의 간계(cunning)에 의해 미혹당해서(deceived; 속아서) 마음이 주께 향한 진실함과 깨끗함에서 떠났다고 성경은 증거합니다(고후 11:3; 딤전 2:14). 뱀의 거짓말에 속아서 마음을 지키지 못하고(잠 4:23) 사탄에게 마음을 빼앗겼다는 것입니다. 이는 곧 사탄이 들어와 그의 마음을 장악하자 그가 마귀를 사랑하고 그 감화를 받아 거짓되고 부패한 마음(의뢰)이 된 상태임을 알 수가 있습니다. 50:50이 아니라 순종 0.1, 패역 99.9(전적 부패)인 상태에서 그 마음대로 하도록 의지를 그대로 놔뒀으니 파국으로 갈 것은 뻔했다라고 이해할 수 있습니다. 이렇게 뱀의 말을 듣고, 마음을 뺏기고, 그 나무를 본즉 끌리기 시작한 것은 당연합니다.

- "성경은 교의학 핸드북이 아니고 극적인 흥미로 가득한 역사책 (사극대본)이다"(The Bible is not a dogmatic handbook but a historical book full of dramatic interest.)(G. Vos, 『성경신학』).
- 성경은 역사적이고 신학적이면서 동시에 문학적이다(김지찬, 『언어의 직공이 되라』, p. 30).
- 타락을 전후해서 발생한 "paronomasia"(유사음 반복, 말재주): 아룸(창 2:25) → 아룸(3:1; 간교하니라) → 에롬(3:7; 벗은 줄) → 에롬(신 28:48; 헐벗고).

제14문답

인간의 죄[48]

문. 죄가 무엇입니까?

답. 하나님의 율법대로 믿고 따르고 받듦에 부족한 모든 것, 또는 율법을 위반함입니다.[A]

Q. What is sin?

A. Sin is any want of conformity unto, or transgression of, the law of God.[A]

A 요일 3:4("죄를 짓는 자마다 불법을 행하나니 죄는 불법이라").
48 죄의 근원은 영계(천사들의 세계)로 알려짐. [← 범죄(율법 어김) ← 악으로 기운 의지의 자유(아무 잡도리 없이) ← 속아서(deceived) ← 마귀(타락한 천사)의 간계 ← 천사들의 타락 ← 천사들의 범죄(죄의 뿌리).

제15문답

타락한 죄목

문.   우리 첫 조상이 창조된 원상태에서 타락하게 된 죄목(罪目)은 무엇이었습니까?

답.   우리 첫 조상을 타락시킨 죄는 먹지 말라고 금하신 실과를 먹은 위반 죄였습니다.ᴬ

Q.   What was the sin whereby our first parents fell from the estate wherein they were created?

A.   The sin whereby our first parents fell from the estate wherein they were created, was their eating the forbidden fruit.ᴬ

A 창 3:6.

제16문답

원죄의 대물림: 온 인류에게 미침

문. 아담의 첫 범죄로 인해(안에서) 온 인류가 타락하였습니까?

답. 아담과 세우신 언약은 아담 혼자뿐 아니라, 아담의 후손들과도 맺은 것인즉[49] 그로부터 한 혈통으로 출산 된 온 인류 모두가 아담 안에서 범죄했으며, 아담의 첫 범죄 안에서[50] 그와 함께 타락하였습니다.[A]

Q. Did all mankind fall in Adam's first transgression?

A. The covenant being made with Adam, not only for himself, but for his posterity; all mankind, descending from him, by ordinary generation, sinned in him, and fell with him, in his first transgression.[A]

[A] 창 2:16, 17; 롬 5:12; 고전 15:21, 22

[49] 아담의 대표성(머리됨): 이는 수사법적 표현(제유법)이 아니고 언약의 '머리'라는 말. "아담은 130세에 자기의 모양 곧 자기의 형상과 같은(타락한) 아들을 낳아 이름을 셋이라 하였고"(창 5:3)처럼 타락성은 자자손손으로 이어져 한 혈통인(자연적인 생식법에 의해) 온 인류에게(행 17:26) 자기의 허물과 죄성, 책임 등이 자손에게 전해지는 일.

[50] 아담 안에서, 첫 범죄 안에서 그와 함께 타락하였다 함은"아담이 첫 단추를 잘못 끼운 결과 다음 단추를 끼우는 데 후손들이 아무리 해도 제 자리에 바로 끼울 수가 없어 계속 잘못된 것이라는 비유에 해당합니다.

제17문답

타락 효과의 파급: 온 인류가 죄와 비참의 수렁에 빠짐

문.   이 타락으로 인류는 어떤 처지에 이르게 됩니까?
답.   타락으로 온 인류는 '죄'와 '비참'한 처지에 빠지고 맙니다.ᴬ

Q.   Into what estate did the fall bring mankind?
A.   The fall brought mankind into an estate of sin and misery.ᴬ

해 설

1. 죄의 유전

아담 이후에 태어난 모든 사람들은 시조가 타락한 후의 죄벌 상태를 물려받습니다. 즉 아담의 죽음, 수치, 자기도취, 자기의(自己義), 자기애, 두려움 등 죄와 비참함은 유전됩니다.

2. 죄의 본질과 동의어

1) 죄는 인간이 직접 책임을 지고, 인간을 정죄의 선고 하에 두게 하는 도덕적 특수 악입니다.

　(1) 악(惡 evil): 도덕적 악(나쁜 것)

A 롬 5:12.

(2) 자연적 재해: 자연 악은 도덕적 악의 결과(응보); 신 28:24("여호와께서 비 대신에 티끌[미세 먼지]과 모래[황사]를 네 땅에 내리시리니 그것들이 하늘에서 네 위에 내려 마침내 너를 멸하리라); 롬 8:18-22.

2) 죄는 항상 하나님과 그 의지(율법)에 관계됩니다. "죄"는 하나님께 대한 범행입니다.

3) 죄의 별명들: 하나님의 계명을 범하는 '범계'(breaking the command of God, 마 15:3), 목표를 빗맞히는 '실수'(하마르티아; missing the mark, 롬 3:23), '반칙과 허물'(offences, 엡 2:5), '불법'(lawlessness, 요일 3:4), '불의'(wrongdoing, 요일 5:17)입니다. 하나님 말 잘 안 듣는 불순종, 하나님께서 '하라"고 하시는 것 다 못하는 생략의 죄(omission, sluggishness), '하지 말라'시는 것 하는 짓(commission) 모두가 범죄입니다.

4) 죄는 죄책과 오염으로 구성됩니다. 죄책이란 율법을 위반할 때 의로우신 하나님의 형벌을 면할 수 없음을 말하고, 오염이란 모든 죄인이 종속하고 있는 고유한 부패를 말합니다. 오염은 언제나 죄책에 동반하므로 아담 안에서 범죄한 모든 사람은 부패한 성격을 갖고 태어납니다.

5) 죄는 마음에 자리 잡고 있기 때문에 거기로부터 죄의 영향과 활동이 지성, 의지, 감정으로 퍼집니다.[51]

---

51 이성(理性)에서 불신앙과 교만, 의지에서는 하나님과 같이 되고자 하는 욕망, 그리고 감정에서는 금단의 열매를 먹음으로 해서 방종으로 나타났습니다(죄의 요소).

6) 죄는 밖으로 드러나는 행위에 국한되지 않고, 죄악된 습관과 마음의 죄악된 상태에도 존재하여 상호 관계합니다. 즉 죄의 상태는 죄의 습관들의 기초가 되며, 이들은 차례대로 죄악된 행위를 일으킵니다. 따라서 악한 생각, 감정, 마음의 의향도 죄로 간주됩니다(마 5:22, 28; 롬 7:7; 갈 5:17, 24).

3. 원죄 유전('하나 안에서 모두가' 원리[All in One], 롬 5:17-19)

1) 요약

한 사람	원리	모든 인류 / 많은 사람	결과
아담 (하나님 형상)	→ 아담의 대표성 →	타락 (아담의 형상)	→ (죄투성이 + 비참)
아담의 타락	죄책의 유전성		
불순종	전가 (imputation)	죄인	사망
그리스도 순종 →		의인	영생

아담이 자기의 모양 곧 형상을 닮은 아들을 낳았다는 말은 셋을 위시한 아담의 후손들이 타락한 인간의 형상으로, 사악함과 불행의 운명을 가지고 출생하였다는 것입니다.

2) 한 사람 아담: 아담의 죄와 그 후손의 죄 관계

(1) 혈연관계(natural relationship): 모든 인간은 누구나 아담과의 자연적 혈연관계로(시조/후손) 인류의 상속물(相續物, heritage)이 된 아담의 원천적인 죄(原罪, original sin)에 참여하여 그와 함께 타락하여, 죄의 상태에서 죄인의 신분으로 태어납니다.

(2) 언약관계(covenant relationship): 하나님께서 설정해 주신 또 하나의 관계는 언약관계입니다. 곧 하나님께서 아담을 인류의 대표자로 세우시고 언약 당사자로 삼으셨기 때문에, 아담이 대표자 자격으로 범한 첫 범죄의 책임(죄책)은 당연히 그가 대표하는 그의 후손들에게로 대물림됩니다(Adam was the representative head who acted for the human race).

(3) 아담과 그리스도의 대표성(롬 5:12-21): "자연적 생식수단에 의해 출생하여 대를 이어 내려오는 모든 인류"에 해당하지 않는 한 사람 예수 그리스도께서는 일반적 출산에 의해 탄생하지 않으셨으므로 아담 안에서 범죄하거나 타락하지 않으셨습니다. 곧 죄 없으신 그리스도께서 "단번에 자기를 제물로 드려 영원한 속죄를 이루셨습니다(히 9:12, 26). 그리고 자연적 생식수단이 아닌 진리의 말씀으로 우리를 낳으셨습니다(약 1:18). 한 사람 아담이 아니라 한 순종의 사람 예수 그리스도로 말미암아 많은 사람이 죄인이 아니라 의인이 되는 것입니다.

생각거리

- 뱀이 여자에게 한 거짓말 두 가지는 무엇입니까(창 3:4-5)? 왜 거짓말인가요?
- 타락의 한마당(창 3:1-6)에서 '아담의 침묵'에 대한 시시비비를 말해봅시다.

제9과

인죄론(人罪論)

제18문답

타락한 인간은 죄투성이

문. 타락한 인간의 죄투성이⁵² 처지를 규정하는 죄악적 요소들에는 어떤 것들이 있습니까?

답. 인간이 타락하여 빠져버린 죄투성이 상태를 구성하는 죄목들은: 아담이 저지른 첫 범죄의 죄책, 원시 의(原始義)의 결핍, 그리고 온 본성의 부패(이 셋을 원죄[原罪]라고 함); 그리고 이 원죄에서 비롯되는 모든 본죄(本罪 = 자범죄[自犯罪]) 등으로 구성됩니다.ᴬ

Q. wherein consists the sinfulness of that estate whereinto man fell?

---

52 영어의 sin(제14문답에서 정의된)과 달리, 제18문답의 sinfulness(갖은 죄; 죄투성이)는 '벌을 받을 수 있는 빌미' 또는 범죄한 결과 유죄로 판결 받고 죄벌을 치르는 죄수의 신분, 또는 '죄 중에서 허우적거림' 혹은 죄의 화신(化身)이 되어 죄밖에 지을 줄 모르는, 죄 안 짓고는 못 배기는, 그리고 재범의 확률이 100%인 범인(현행범)의 처지 따위가 모두 포함된 개념입니다.

A. The sinfulness of that state whereinto man fell, consists in the guilt of Adam's first sin, the want of original righteousness, and the corruption of his whole nature, which is commonly called Original Sin; together with all actual transgressions which proceed from it.[A]

[A] 롬 5:10-20; 엡 2:1-3; 약 1:14, 15; 마 15:19.

제19문답

인간의 비참함

문. 사람이 타락하여 벗어날 수 없는 비참함이란 어떤 상황을 말합니까?

답. 모든 인류가 타락하여 겪는 비참한 상황이란, 하나님과의 교제를 잃은 결과,A 하나님의 진노와 저주 아래 처하여,B 이생에서 온갖 불행 중에 살다가 죽게 되고, 죽어서는 꼼짝없이 지옥에서 끝이 없는 고통을 당할 수밖에 없는 처지가 된 것을 말합니다.C

Q. What is the misery of that estate whereinto man fell?

A. All mankind, by their fall lost communion with God,A are under His wrath and curse,B and so made liable to all the miseries in this life, to death itself, and to the pain of hell forever.C

A 창 3:8, 10, 24. B 엡 2:2, 3; 갈3:10. C 애 3:39; 롬 6:23; 마 25:41, 46.

해 설

1. 타락한 수렁에서 허우적거리는 죄투성이 인간의 죄 목록

1) 원죄(原罪 original sin)

(1) 아담의 첫 범죄의 죄책

(2) 원시의의 결핍(창조 시에 받은 의 상실)

(3) 본성의 전적 부패

2) 자범죄(自犯罪, actual transgression, 현행 위반죄)

2. 타락한 인간이 처한 비참함(불행, 죄벌)

하나님과의 단절: 교제 상실 → 하나님의 진노와 저주 아래 처해진 결과, 이생에서의 온갖 불행, 죽음, 그침 없는 지옥고통(저승에서).

[대요리문답 제27문답]

문. 타락이 인류에게 가져온 비참성은 어떤 것입니까?

답. 하나님과의 교통이 끊어지고,[1] 그의 노여움과 저주를 받아 본질상 진노의 자녀가 되어[2] 사탄의 종으로 매인 바 되고,[3] 현세와 내세에서[4] 그에 합당한 온갖 죄벌을 받게 되었습니다.

1 창 3:8, 10, 24. 2 엡 2:2, 3. 3 딤후 2:26(마귀의 올무 아니면 하나님의 포로). 4 창 2:17; 애 3:39; 롬 6:23; 마 25:41, 46 ; 유 7절.

참조

타락의 결과(열매): 하나님과의 교제 상실, 그의 노여움, 저주

하나님에게서 떨어지면 홀로 존재하기가 불가한 존재인 인간은 중립/독립적으로 존재가 불가능합니다. 왜냐하면 영적 세계에는 선악 간 중립

지대는 없기 때문입니다.

[대요리문답 제28문답]

문.   이 타락 때문에 이 세상에서 받는 죄의 형벌은 무엇입니까?

답.   이 세상에서 받는 죄벌은 내적으로, 생각(mind)의 맹목성,[1] 버림받은 절개 없는 감각,[2] 강한 망상과 착각(strong delusion),[3] 마음의 강퍅해짐,[4] 양심의 공포,[5] 사악한 정욕;[6] 외적으로는 우리 때문에 피조물에게 임한 하나님의 저주와,[7] 우리 육신의 명예와 상태와 관계와 하는 일에 닥친 다른 모든 악과[8] 사망 그 자체 등입니다.[9]

1 엡 4:18. 2 롬 1:28. 3 살후 2:11. 4 롬 2:5. 5 사 33:14; 창 4:13; 마 27:4. 6 롬 1:26. 7)창 3:17. 8 신 28:15. 9 롬 6:21, 23.

(1) 죄책(罪責, guilt)

죄를 저지른 책임, 죄에 가하여지는 형벌(죄벌), 죄 지음에 따르는 자책감, 양심의 가책 등을 의미합니다. 특히 여기서는 아담의 첫 범죄에서 전가된 유죄성(culpability)을 말합니다.

(2) 원죄

사람이 출생 시부터 타고나는 죄악된 상태와 조건으로 인류 모두에게서 볼 수 있는 죄의 뿌리입니다. 온 본성의 전적 부패로[53] 인하여 영적으로 선한 것은 무엇이나 무조건 싫어하며, 행할 수도 없으며, 거역하게 된 반면에 모든 악으로 완전히 기울어 습성화 되어버려 의지의 자유로움을 상실하고 죄악의 노예가 된 상태를 말합니다.

---

53   전적 부패(total depravity): 부패의 범위와 정도가 모든 영역에 걸친 완전한 부패. "여호와께서 사람의 죄악이 세상에 가득함과 그의 마음으로 생각하는 모든 계획이 항상 악할 뿐임을 보시고"(창 6:5). 이처럼 죄는 보편적이어서(universal) 누구나 예외 없이 사악함을 말합니다.

(3) 본죄(本罪)[54]

자범죄 또는 행위죄 라고도 하며, 세상에 태어난 뒤에 자기가 스스로, 또는 보고 배워서 범하는 죄를 말합니다. 원죄에서 나오는 의식적 사고와 의지로 외부적 행위에서 저지르는 죄를 일컫습니다.

① 내적 생활의 죄: 교만, 질투, 증오, 감각적 육욕, 사욕 같은 것.

② 외적 생활의 죄: 사기 도적, 살인, 간음, 횡령 따위.

③ 성령 훼방죄: 하나님의 은혜에 대한 성령의 증거와 확신을 반대하여 의식적 악의적으로 거절하며 비방하는 죄, 회개 거부 죄 등.

참조

인간의 과거, 현재, 그리고 미래(아우구스티누스가 말한 구속사의 네 단계)

> 범죄(peccare) / 불범죄(non peccare) // 가능(posse) / 불가능(non posse)
>
> A. 원상태: posse // peccare   – 죄를 안 지을 수 있음(가능)(po–pe)
> B. 타락 후: non posse // peccare – 죄 안 지을 수 없음(npo–npe)
> C. 구원 후: posse // non peccare – 죄를 안 지을 수도 지을 수도 있음(po–npe)
> A⁺. 영화 후: non posse // peccare – 죄지을 수 없음(불가)(npo–pe)

A. 창조된 원래 상태: 죄 지을 수도, 안 지을 수도 있는 미확정 상태.

B. 타락해서 죄 안 짓기가 불가능한 상태.

C. 구원받은 후 성화과정에 있는 성도

---

[54] 신자 된 우리는 이미 이생에서 하나님과 즐거운 교제를 회복하여 누립니다. 그러나 아직도 여러 가지 자범죄를 지음은 죄의 '오염' 때문입니다. 또 신자가 이생에서 겪게 되는 어려움은 하나님의 진노와 저주 때문이 아니라 "바르게 함"을 목적으로 한 징계의 수단인 것입니다(as a corrective discipline).

A+. 별세 후 성화가 완성되면(영화[榮華]) 전혀 죄를 지을 수 없는 상태, 원래 하나님께서 구상하신(목적하신) 지위.

제10과

언약주(구원주) 하나님

제20문답

은혜언약

문. 하나님께서 인류 모두가 죄와 수렁에서 멸망하도록 버려두셨습니까?

답. 하나님께서는 영원 전에 이미, 그것도 전적으로 당신의 선하신 기쁨의 연고로, 그들 중 얼마를 영생하도록 택하시고,[A] 그들과 은혜언약을 맺으사[B] 죄와 비참의 처지에서 건져내시고, 세우신 속량자(贖良者)로 말미암아 구원 얻는 자리에 이르게 하셨습니다.

Q. Did God leave all mankind to perish in the estate of sin and misery?

A. God having, out of his mere good pleasure, from all eternity, elected some to everlasting life,[A] did enter into a covenant of grace, to deliver them out of the estate of sin and misery, and to bring them into an estate of salvation by a Redeemer.[B]

A 엡 1:4. B 롬 3:20-22; 갈 3:21, 22; 시 89:3("나는 내가 택한 자와 언약을 맺으며").

제21문답

속량주(贖良主) 성자 하나님(영원한 신성과 인성)

문. 하나님께서 택하신 자의 속량자는 누구십니까?

답. 택자의 유일한 속량자는 주 예수 그리스도이십니다.ᴬ 그는 하나님의 영원하신 아들이시면서 사람이 되셨으니,ᴮ 그때부터 영원토록, 전혀 다른 두 본성 곧 한 위격(성자)의 하나님인 동시에 완전한 사람으로 계속 그렇게(이성[二性]으로) 영원히 계십니다.ᶜ

Q. Who is the Redeemer of God's elect?

A. The only Redeemer of God's elect is the Lord Jesus Christ,ᴬ who, being the eternal Son of God, became man,ᴮ and so was, and continueth to be, God and man in two distinct natures, and one person, forever.ᶜ

A 딤전 2:5, 6. B 요 1:14; 갈 4:4. C 롬 9:5; 눅 1:35; 골 2:9; 히 7:24, 25.

제22문답

성육신(成肉身)

문. 하나님의 아들이신 그리스도께서, 성자의 위격을 그대로 유지하시면서, 어떻게 참 사람이 되셨습니까?

답. 하나님의 아들이신 그리스도께서는 자신에게 진짜 육신과,ᴬ 멀쩡한(분별 있는) 사람의 영혼을 취하사,ᴮ 성령의 권능으로 동정녀 마리아에게 잉태되어 탄생하심으로 사람이 되셨습니다.ᶜ 그러나 죄는 없으십니다.ᴰ

Q. How did Christ, being the Son of God, become man?

A. Christ, the Son of God, became man, by taking to himself a true body,ᴬ and a reasonable soul,ᴮ being conceived by the power of the Holy Ghost, in the womb of the Virgin Mary, and born of her,ᶜ yet without sin.ᴰ

A 히 2:14, 16; 10:5. B 마 26:38. C 눅 1:27, 31, 35, 42; 갈 4:4. D 히 4:15; 7:26.

해 설

1. 하나님의 구원 절차(節次)

하나님의 인간 구원의 대역사(大役事)는 택정(擇定/선택選擇election)에서 시작됩니다.

1) 택정(속량자와 자기 백성) → 택자와 언약 체결 → 언약(약속) 이행(履行), 또는

2) 성부의 선택 → 성자의 속량 → 성령의 적용 → 성부의 승인/재가(裁可)

택정(擇定)이란 "골라내다, 선택하다(choose)" 곧 하나님께서 적극적으로 구별하시는 행동을 가리키는 신학 용어입니다. 다시 말해서 그리스도를 중보자 속량자로, 죄인들 중 어떤 사람(택자)들을 영생에 들어가도록 결정하셨음(택정 = 예정)을 말합니다. 택자(택정하심을 받은 자)와 나머지(유기된 자 = 버려진 자)의 '구별 원리'는 '하나님의 주권'과 '언약'입니다. '주권'이란 하나님 외부의 그 어떤 것의 영향도 받지 않고 하나님 스스로(自意), 자의(恣意, 기쁘신 자기 뜻대로)에 따른 결정을 말합니다. 택자의 인간적 조건과 무관하게 하나님의 은혜와 주권에 의해서 결정된다는 말입니다(무조건적 선택). 그리고 '언약'에 의한다 함은 택정의 결과이며, 이들 택자는 속죄 언약과 은혜언약에 의해 속량 주 그리스도로 말미암아 복음을 듣고 믿어 구원에 수반되는 여러 열매들을 통하여 하나님의 선택을 입증하게 됩니다(웨스트민스터 신앙고백 제3장 5; 하이델베르크 요리문답 제64문).

2. 언약

성경은 일관되게 언약의 하나님을 가르칩니다. 본래의 창조 목적 달성을 위한 섭리의 기본은 언약입니다. 성경은 피조물 인간을 망극하게도 우주 경영의 파트너로 대접하셔서 언약을 맺으시고, 그것을 신실하게 이행(성취)하시는 하나님을 소개합니다. 곧 언약은 신인 교통의 유일한 수단으로 하나님께서 기뻐하시는 섭리적 경륜 방침입니다. "언약 맺음"은 자발적으로 자기를 낮추시는(voluntary condescension), 곧 높은 자가 낮은 자를 배려하는 공손(恭遜)한 사랑의 계시입니다. 따라서 언약은 하나님의 속성을 계시하시며 목적을 이루시는 방편입니다.

3. 인간 섭리를 위해 세워진 언약들

1) 속죄의 계획이 의논된 속량언약(슥 6:13): 삼위 간에(위제적[位際的]) 논의한 언약

2) 타락 전 아담과 맺은 행위언약

3) 타락 후 죄인과 맺은 은혜언약

언약/요소	갑(甲)/을(乙) (대표자)	조건 (甲의요구/乙의 의무)	甲의 약속
속량언약	성부	성자	중보자 직무 감당, 등	속량여건 조성, 등
행위언약	하나님	아담과 모든 후손	전적인 순종,	생명
은혜언약	하나님	택함 받은 죄인	믿음(약속으로 충당*)	성령, 영원한 생명**

* 은혜언약에서 하나님은 요구하시는 바(믿음)를 약속으로 제공하여 주신다는 말.

** 언약공식: "나는 그들의 하나님이 되고 그들은 내 백성이 될 것이라"(렘 31:33; 고후 6:16).

"그들의 하나님이 된다"는 것은 그들을 영생하게 해 주신다는 약속입니다. 왜냐하면 영생을 주지 않고는 그들의 하나님이 될 수 없기 때문이며, 더구나 하나님은 산 자의 하나님이시기 때문입니다(마 22:32). 영생하신 하나님을 소유함도 영생을 의미합니다.

(1) 속죄언약(Covenant of redemption)

삼위일체 하나님께서 영원 전에 자기 백성을 구원하실 속죄의 계획을 논의하여 맺으신 위제적(位際的: 삼위 간의, interpersonal) 언약으로 속량⁵⁵ 언약이라고도 합니다. 곧 삼위일체의 대표자이신 성부와 하나님 백성을 대표한 성자가 맺은 언약입니다.

(2) 성부의 요구

성자는 여인에게서 탄생하여(인성을 취하여) 연약한 인생들의 본성을 취할 것, 자신을 율법 아래 두어 그 요구를 만족시킬 것, 그리고 그리스도는 성령의 역사를 통하여 아버지께서 주신 사람들을 중생시키며, 회개케 하고, 신앙을 부여하며, 성결케 하여, 자기의 공로를 이들에게 적용함으로써 생활을 하나님께 헌신하도록 할 것 등입니다. 그리스도에게 있어서 이 조건은 충실한 순종에 대한 보상으로서 영생이 주어지는 '행위언약'이었던 것입니다.

(3) 성부의 약속

성부는 그의 속죄사역을 위하여 필요로 하는 모든 것들을 성자에게 약

---

55 속량(贖良, redemption) 또는 구속(救贖)의 '속(贖)'자는 '바칠 '속'자이니, 재물을 바치고(벌금을 내고) 죄를 면제 받음을 뜻합니다. 일반적으로'빚 때문에 남의 손에 넘어간 재산이나 재물(저당 잡힌), 사람(종이 된) 따위를 빚을 갚고 되찾아옴'을 뜻합니다. 본래 속량(贖良)은 "종을 풀어주어 양민이 되게 함"에서 왔다고 합니다. 남이 그 값을 치러 주는 경우 그가 바로 '속량자 또는 구속자(redeemer)'입니다. 곧 속량자가 속전(贖錢), 또는 대속물(代贖物)을 지불함으로써 종을 구원해 내는 '속량'은 구원의 수단을 가리키는 말로, 구원보다 정교한 표현입니다. 모든 인간은 아담의 범죄로 죄의 노예입니다. 우리의 죄값을 보혈로 치르시고 속량해 내신(값 주고 사셨다[purchase]고 함) 그리스도야 말로 유일하신 우리의 속량자입니다. 개정개역 성경(신약)에서는 '구속'을 대부분 '속량'으로 개정하였습니다.

속하십니다. 죄로 더럽히지 않은 육체 준비, 무한한 영으로 기름을 부어 메시아 직의 자격 부여, 임무 수행을 지원하며, 승귀(높아지심)하실 것, 궁극에는 메시아의 왕국이 지상의 모든 나라들을 포함하게 하실 것 등을 약속하셨습니다.

(4) 은혜언약

아담이 실패한 언약을 그리스도로 말미암아(속량언약을 기초로) 성취시킬 것을(죄값 지불과 율법 순종의 책임) 인류에게 언약하셨습니다(창 3:15). 이 은혜언약은 타락한 죄투성이 인간과 맺은 언약이므로 중보자가 없이는 불가능합니다.

(5) 중보자(仲保者, Mediator)

언약 맺음은 하나님께서 자기 백성에게 은혜를 주시는 가장 확실하고 유일한 수단입니다. 그렇지만 하나님께서는 가까이 가지 못할 빛에 거하시므로(딤전 6:16) 죄인을 직접 상대할 수가 없어, 그리스도를 중보자로(선택하여) 세우셨습니다. 그래서 그리스도께서 세상의 빛, 생명의 빛으로 중간에 세우심을 입고(요 8:12), 하나님께로 나아오는 길(요 14:6)로 보냄을 받으심으로 오직 그를 통해서만 구원 절차가 진행되도록 하셨습니다. 유일한 속량자이신 성자는 더 좋은 속량 언약의 보증(히 7:22)이시며, 대속 임무 완성으로 택자들을 대표하는 제2, 혹은 마지막 아담으로, 언약의 머리(보증인: 다른 사람의 법적 의무를 자신이 책임지는 인물)이십니다. 아담에게는 언제나 최초의 언약인 행위언약의 약관이 적용되므로, 마지막 아담이신 그리스도의 영생은 공로 없는 은혜로가 아니라 충실한 순종에 대한 보상으로 얻으셨습니다.

(6) 은혜 언약에서의 하나님의 약속

언약 주 하나님의 공식화 된 약속은 "나는 저들의 하나님이 될 것이며 저들은 내 백성이 될 것이다"이니, 구체적인 약속들은 다음과 같습니다.

① 여러 가지 현세적인 축복들(temporal blessings): 영적인 실질 축복을 상징.함.

② 칭의(사죄+입양+영생의 보장 claim to life eternal).

③ 성령의 약속-오셔서 속량과 구원의 모든 축복들을 충만하게 그리고 값없이 적용.

④ 영원한 생명 중에 누릴 궁극적 영광을 약속.

(7) 은혜언약에서 하나님의 요구

약속의 조건으로서의(공로적) 요구, 즉 죄인에게 지우는 어떤 의무적 부담은 없는 반면에 언약적 모든 요구는 하나님의 약속으로 충당하십니다. 곧 인간에게 요구하시는 모든 것을 또한 주시기로 약속하십니다.

웨스트민스터 신앙고백(제7장 3항)은 이렇게 정리합니다: "사람이 타락함으로 말미암아 행위언약으로는 생명에 이를 수가 없게 되자, 은혜언약이라 칭하는 두 번째 언약 맺으시기를 기뻐하셨다. 여기서 주께서는 죄인들에게 예수 그리스도로 말미암은 생명과 구원을 값없이 제공하시되 그들이 구원 받을 조건으로 저를 믿을 것을 요구하시며, 또 약속하시기를, 영생을 얻기로 예정된 모든 사람들에게 성령을 주셔서 그들로 하여금 단 마음으로 믿고자 하며 또 믿을 수 있게 해주시기로 하신 것입니다."

[대요리문답 제31문답]

문. 은혜언약은 누구와 맺은 것입니까?

답. 은혜언약은 두 번째 아담이신 그리스도와, 그리고 그리스도의 후손으로 그리스도 안에 있는 모든 택자들과 맺었습니다.

[대요리문답 제33문답]

문. 은혜언약은 언제나 한 가지 똑같은 방식으로 시행됩니까?

답. 은혜언약은 언제나 같은 방식으로 시행되는 것이 아니고 옛 언약에서는 새 언약에서와 다르게 시행됩니다.

[대요리문답 제34문답]

문. 은혜언약은 구약에서 어떻게 시행됩니까?

답. 구약에서의 은혜언약 시행: 약속들, 예언들, 희생제물들, 할례, 유월절, 및 기타 모형들과 의식(儀式)들로 이것들은 모두 장차 오실 그리스도를 예표하므로, 당시로서는 약속된 메시아를 믿는 믿음 안에서 택자들을 양육하기에 충분하였으며, 저들은 메시아에 의한 완전한 사죄와 영원한 구원을 받았던 것입니다.

[대요리문답 제35문답]

문. 은혜언약은 신약 시대에 어떻게 시행됩니까?

답. 신약 시대의 언약 시행: 본체이신 그리스도가 나타나신 신약 시대에는, 설교, 그리고 세례와 성찬의 성례에서, 지금도, 은혜언약이 시행됩니다.

4. 그리스도 일위이성(一位二性; 신성과 인성)의 완전성

'하나님의 아들'이라는 말은 "하나님에게서 동일하신(homo, 유사한 homoi가 아니고)본질로 나신(출생, 발생) 하나님"이라는 말과 같습니다. 즉 지음 받은 피조물이 아닌 온전한 하나님입니다(니케아 공의회). 이 성자께서 때가 차매 "참 몸과 지각 있는 영혼을"(22문답) 취하사 우리 인간들과 꼭 같이 물질적 육체와 이성적 영혼(material body and rational soul)을 가지신 인성을 취하십니다. 즉 출생하시고 성장하시며 인간의 정서와 시험을 다 겪으셨습니다. 하나님은 죽으실 수 없으나 죄인인 우리를 대신해 죽으시기 위하여 인성을 취하실 수밖에 없었습니다. 이때부터 인성이 시작되어 영원히 온전한 사람이시니, 영원부터 하나님이신 신성에 인성이 더하여져 두 본성(nature)의 연합이 있게 됩니다.

5. 두 본성의 연합과 신성의 불변성

참 하나님이심을 중단하심 없이 인간이 되셨으니 신성이 인성과 연합될 때(신성의 불변성) 변질이나 구성상의 변화나 혼잡상태(무질서의 증가) 같은 섞임(혼합) 효과 없이 두 본성이 연합되어 앞으로 영원히 계속됩니다. (God the Son became man without ceasing to be God. The divine nature was united to the human nature without "conversion, composition, or confusion.)

이런 연합이 왜 필요했을까요? 중보자라는 직무(원수지간인 하나님과 사람을 화해시키는)를 감당하기 위해서는 반드시 하나님이요(주) 동시에 사람(예수)이어야 했기 때문입니다. 그것도 한 위격에서 그렇게 되어야 함은(1위2성 - 성자 하나님 안에 신성과 인성의 연합), 신인 간 화해뿐 아니라 각 본성에서 우리를 위해 이루어 내신 고유한 과업들이 하나님께서 기꺼이 받으시는 바 되시고 따라서 우리들은 삼위(일체) 전체 하나님께서 이룩하신 성과로 믿고 신뢰할 수 있게 하기 위함입니다(웨스트민스터 대요리문답 제40문답).

6. 두 본성의(二性) 완전성 부인(Denial of the Integrity of the two natures)
1) 아폴리나리스 - 인성 부정;
2) 네스토리우스 - 2성 1위가 아니라 2성 2위.

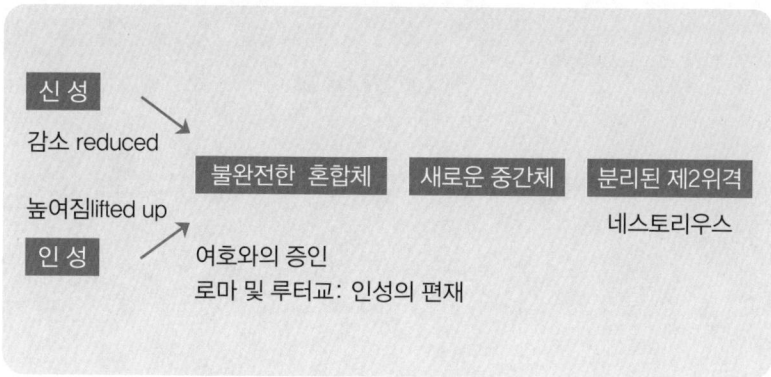

생각거리

- 로마교의 주장대로 마리아는 하나님의 어머니일까요? (Is it proper to speak of Mary as the Mother of God[Theotokos]?)

- 사도행전 20:28을 바로 해석해 보세요.

제11과

속량자 그리스도께서 하시는 일

제23문답

그리스도께서 감당하신 세 가지 직분

문. 그리스도께서 우리의 속량자로서 수행하신 직분은 어떤 것들입니까?

답. 우리의 속량자로서 그리스도께서, 낮아지시고 높아지신 두 신분 모두에서, 수행하시는 직무는 선지자, 제사장, 그리고 왕의 직분들입니다.A

Q. What offices doth Christ execute as our Redeemer?

A. Christ, as our Redeemer, executeth the offices of a prophet, of a priest, and of a king, both in his estate of humiliation and exaltation.A

A 행 3:21, 22; 히 12:25; 5:5-7; 7:25; 시 2:5-11; 사 9:6,7; 마 21:5.

제24문답

선지자 직분

문. 그리스도께서 어떻게 선지자 직분을 수행하십니까?

답. 그리스도께서는 우리들을 구원하시려는 하나님의 뜻을,ᴬ 그의 말씀과 성령을 통하여, 우리에게 드러내 알리심(계시하심)으로 선지자의 직무를 수행하십니다.

Q. How doth Christ execute the office of a prophet?

A. Christ executeth the office of a prophet, in revealing to us, by his word and Spirit, the will of God for our salvation.ᴬ

A 요 1:18; 벧전 1:10-12; 요 15:15; 20:31.

제25문답

제사장 직분

문. 그리스도께서 제사장으로서의 직분을 어떻게 수행하십니까?

답. 그리스도께서는 자신을 단번에 희생제물로 드리심으로 하나님의 공의를 만족시키시고,ᴬ 하나님과 우리를 화목하게 하시고,ᴮ 또한 항상 살아계셔서 우리를 위하여 끊임없이 간구하심으로ᶜ 제사장의 직분을 수행하십니다.

Q. How doth Christ execute the office of a priest?

A. Christ executeth the office of a priest, in his once offering up of himself a sacrifice to satisfy divine justice,ᴬ and reconcile us to God;ᴮ and in making continual intercession for us.ᶜ

A 히 9:14,28. B 히 2:17. C 히 7:24, 25.

제26문답

왕의 직분

문. 그리스도께서 왕으로서의 직분을 어떻게 수행하십니까?

답. 그리스도께서는 우리로 자기에게 순종하게 하시고,^A 우리를 다스리시며,^B 보호하시고,^C 자기와 우리의 모든 대적들을 억제하시며 이기심으로^D 왕의 직분을 행하십니다.

Q. How doth Christ execute the office of a king?

A. Christ executeth the office of a king, in subduing us to himself,^A in ruling^B and defending us,^C and in restraining and conquering all his and our enemies.^D

해 설

1. 중보자가 감당한 세 가지 직분 (Three fold office of the Mediator)

1) 아담은 최초의 삼중 직분 겸직자: 삼중직분은 하나님께서 첫 사람 아담을 자기의 형상(삼위일체가 모델)으로 창조하시고, 그에게 위임하여 맡기셨던 직책입니다. 만물을 규명하고 그것들을 향한 하나님의 뜻을 선포하는 선지자, 만물을 대표하고 그것들을 하나님께 바쳐드리는 제사장,

---

A 행 15:14-16. B 사 33:22. C 사 32:1, 2. D 고전 15:25.

그리고 만물을 다스리는 왕의 세 직분을 혼자서 겸직함을 말합니다. 이 삼중겸직은 그 내용으로 보아 아담의 실패를 회복한 중보자 메시아의 능력과 자격을 가리키는 말이기도 합니다. 하나님께서 그리스도에게 명하신 직분은 세 부분입니다(『기독교 강요』 II, 15, 1.).

2) 아담의 후손들
(1) 사사들은 겸직자에 해당합니다.
(2) 단일 직분자: 하나님 나라의 모형으로 이 땅 위에 신정국(神政國) 이스라엘을 세우시고 단일 직분자를 기름 부어 임명하셨습니다. 선지직은 모세와 선지자들에게, 제사직은 아론과 그의 집에게, 왕직은 다윗과 그의 집에게 맡기셨습니다.

3) 드디어 그리스도께서 참 중보자, 삼중 겸직자로 오셔서 이 직무를 비하신분에서 수행하셨습니다.

4) 지금은 높아지신 신분에서 삼중직을 계속 수행하고 계십니다.

도표로 설명하면 다음과 같습니다.

그리스도의 삼중직*:	선지직 +	제사직 +	왕직
1) 본래의 인간(아담)	지식(선지자)	거룩(제사장)	의(왕노릇)
2) 구약에서의 예표	모세와 선지자들	아론과 그의 집	다윗과 그의 집
3) 공직승계(비하) 4) 그리스도	공생애 하나님의 말씀, (우리에게 계시된)	십자가 사망(희생제사) 중보 간구 (자신을 드림)	왕 중 왕 우리를 다스림 (하나님 우편에서)

*그리스도께서 중보자로서 감당(勘當)하신 직분을 세 개의 공직으로 구분한 최초의 신학자는 존 칼빈입니다(『기독교 강요』 II. 15. 1-6).

2. 정립된 세 직분 설명

1) 선지자직(Prophet, Nabi)

'대언자'라는 뜻이며, 하나님의 대표자(대변자)로 백성에게 나아가 하나님으로부터 받은 말씀을 전달하는 자입니다(신 18:18). 오늘말로 하나님의 대변인입니다. 선지자의 직무는 하나님의 뜻을 백성에게 알려주며, 율법을 도덕적 영적인 면에서 해석해 주며, 형식주의와 죄에 대항하여 싸우며, 백성들로 하여금 의무의 길로 돌아오게 하며, 미래를 위한 하나님의 영광스러운 약속에 주의를 환기시키는 일 등입니다.

이 직분의 구약적 개념은(출 7:1; 신 18:18) 계시를 받아서(꿈과 환상으로) 다른 사람에게 전한다는 것입니다(말과 동작으로). 구약의 약속이 성취된 신약 시대에는 그리스도께서 성취하신 구속 사역과 신도에게 주어질 영광의 약속을 사도들을 통해 기록하여 알리십니다. 이로써 선지직과 사도직은 예수 그리스도로 끝나고 더 이상 소용없게 되었습니다. 이 모든 날 마지막 때에 말씀 자체이신 그리스도(그의 생애적 언어[word of life])를 통하여 우리에게 말씀하심으로(히 1:1, 2) 하나님 뜻의 말씀 계시는 완성된 것입니다. 따라서 오늘날 교회에 선지자나 사도가 더는 존재하지 않습니다. 오직 그리스도만이 교회의 유일한 선지자이시며, 지금도 오직 성경과 성령만을 통하여 교회에 말씀하십니다.

2) 제사장직(The Priestly Office, Cohen)

하나님 앞에 나가는 백성의 대표자로, 하나님에 의해 임명되나 사람 편에 서서 하나님 백성들을 위하여 하나님에게 속한 일을 취급하는 직책이니 예물과 속죄용 제물들을 드리는(히 5:1) 직임을 맡은 자입니다. 백성의 대표자란, 백성들을 대신하여 하나님께 접근하여 말하고 행동하는 특권을 가진 자입니다. 구약 시대의 제사직은 우리의 속량자이신 예수 그리스도의 제사직(사제격[司祭格], priesthood; 헌제[獻祭] - 제사드리는 직무)을 예표한 것으로, 개혁 시기(신약 시대)까지만 맡겨 둔 것입니다(히 9:10).

3) 왕직/왕권(The Kingly Office/Kingship, Melek)
그리스도께서 속량자로서 부여 받은 왕권은 교회에 미치는 영적 왕권과 온 우주에 군림하시는 우주적 왕권으로 구분됩니다(제26문). 영적 왕권은 부활 승천하시어 하나님 우편에 앉으신 때부터 발휘된 그의 은혜의 왕국 백성과 진정한 교회에 대한 통치, 보호입니다. 우주적 왕권은 참된 교회의 유익을 위하여 불신세계(원수를 제압하고 정복함), 자연계까지를 관할하시는 것입니다.

> **참조**

세대주의(dispensationalism): 성경 역사를 일정한 세대 혹은 기간들로 나누어 세대별로 하나님께서 인간을 각각 다르게 취급하신다고 하는 사상입니다. 또 그들은 "그리스도께서 아직은 왕이 아니다(Christ is not yet king)"라고 주장합니다.

제12과

그리스도의 두 신분:
비하와 승귀

제27문답

낮아지심(비하[卑下])

문. 어떠한 내용들이 그리스도의 낮아지심에 해당됩니까?

답. 그리스도의 낮아지심은 그의 출생(성육신)에서 확인되니 그것도 미천한 신분A으로, 율법 아래에 나심,B 그리고 이생의 온갖 비참함을 당하실 새,C 하나님의 진노와,D 십자가에서 저주받은 죽음E까지 당하시고; 장사되심으로,F 잠시나마 사망의 권세 아래 머무셨던 것G 등입니다.

Q. Wherein did Christ's humiliation consist?

A. Christ's humiliation consisted in his being born, and that in a low condition,A made under the law,B

A 눅 2:7. B 갈 4:4("때가 차매 하나님이 그 아들을 보내사 여자에게서 나게 하시고"). C 히 12:2, 3; 사 53:2, 3.
D 눅 22:44; 마 27:46. E 빌 2:8. F 고전 15:3, 4. G 행 2:24-31.

undergoing the miseries of this life,ᶜ the wrath of God,ᴰ and the cursed death of the cross; ᴱ in being buried,ᶠ and continuing under the power of death for a time.ᴳ

출생(성육신)	– 미천한 신분; 율법 아래
고난 당하심	– 이생의 온갖 비참함, 하나님의 진노, 십자가 상 저주스런 죽음
장사됨	– 사망의 권세 아래 머무름 (잠시나마)

제28문답

높아지심(승귀[昇貴])

문. 그리스도의 높아지심의 내용은 어떠한 것들입니까?

답. 그리스도의 높아지심에는 그가 사흘 만에 죽은 자 가운데서 다시 살아나신 것과,A 하늘로 올라가신 것과,B 하나님 우편에 앉으신 것과,C 마지막 날에 세상을 심판하러 다시 오심이D 있습니다.

Q. Wherein consisteth Christ's exaltation?

A. Christ's exaltation consisteth in his rising again from the dead on the third day,A in ascending up into heaven,B in sitting at the right hand of God the Father,C and in coming to judge the world at the last day.D

A 고전 15:4. B 막 16:19. C 엡 1:20. D 행 1:11; 17:31.

해 설

1. 그리스도의 높아지심 (빌 2:9-11)

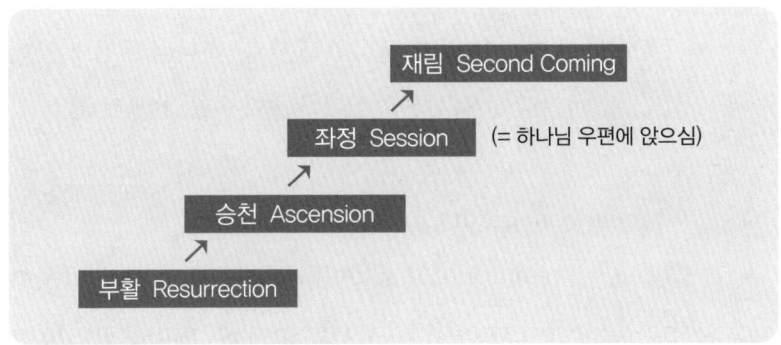

    그리스도께서는 우리의 구원을 이루시기 위하여 비천한 신분으로 낮아지셔서(humiliation) 속죄사역을 이루신 후에 다시 높아지셨습니다(exaltation). 성경은 말하기를, 그리스도의 낮아지심은 그의 신적 본성 혹은 속성들이 그에게서 삭감되거나 감소함(diminution) 없이 참 인성이 그에게 첨가되었다고 합니다. 즉 그는 하나님의 속성을 그대로 지니고 계시면서도, 본래와는 다른 분이 되셨습니다. (Not were subtracted from Him, but in the fact a true human nature was added to Him. Remaining what He was, He became what He was not.) 이것이 바로 낮아지심의 신비입니다.

    그리스도의 높아지심은 그가 이룩하신 공로에 대한 보상으로 장래 일반 신자들에게 전가될 신분상승을 예표하는 대표적인 사건입니다. 소망을 가집시다.

2. 부활

부활은 그의 신분에 있어서 위대한 전환점입니다. 그 부활체의 인성은 분리되었던 육체와 영혼의 단순한 재결합이 아니라 보다 높은 차원으로 격상되었습니다. 그 인성이 원시 상태의 순수함, 능력, 완전성 등으로 회복된, 말하자면 그분의 몸은 엄청나게 변화한 영생하는 유기체로 재결합된 것입니다. 그의 부활은 ① 그리스도께서 속죄언약(20문)의 조건인 율법의 요구에 응하셨다고 하는 성부의 선언이며, ② 그 후에 신자들이 겪게 되는 칭의, 중생, 미래의 부활을 상징하며(it symbolizes what…), ③ 또 이것들의 원인입니다(the causes of).

3. 재림

재림(마지막 날에 세상을 심판하시기 위하여 다시 오심)은 그의 높아지심의 절정입니다. 이 재림은 육체적이며 유형적인(영적이며 무형적인 것이 아니라) 강림(physical return)이며, 심판주의 자격으로 오심이니 가히 금의환향(錦衣還鄉)에 해당합니다. 이번에는 예고 없이 갑자기 오십니다. 그때에 모든 죽은 자들이 무덤에서 일어날 것이며, 오실 때에 살아 있는 자들은 즉시로 변화하여, 모든 인류는 구원 받는 자와 버려진 자 두 편으로 나뉘게 됩니다. 이로써 그리스도의 중보는 끝나고, 사망이 멸망 받고 나라는 아버지께 바쳐집니다.

특주

기독론(Christology)

그리스도*의 이름(Name)

1) 예수, 여호수아(Joshua = 구원하다[(to save, 마 1:21))

2) 인자(人子, Son of Man, 예수님의 자칭) - 유래: 단 7:13, 예수님의 초인성(超人性), 재림을 암시.

3) 하나님의 아들(Son of God)
   - 인성을 취하여 사람으로 출생하게 된 근원이 성령 하나님이라는 의미로 사용(in the nativistic sense, 눅 1:35).
   - 사명이나 직무, 또는 메시아에 관련된 의미에서(In the official, or Messianic sense, 마 8:29). - 삼위일체의, 제2위의, 의미로 사용됨 (in the Trinitarian sense, 마 11: 27; 16:16, 등).

4) 주(The Name Lord)
   - 단순히 영어의 'Sir' 처럼 대화나 부를 때 정중함과 존경을 나타냄(마 8:2; 20:33).
   - 소유권과 권위를 표현할 뿐이며 그리스도의 신격이나 권위에는 관계없이 쓰였음(마 21:3; 24:42).
   - 그리스도의 승귀한 인격과 최고의 영적 권위를 표현함. 그리스도께서 교회의 소유주(Owner)요, 통치자(Ruler)이심을 가리킴(롬 1:7; 엡 1:17).

그리스도의 별명: 말씀(Word), 중보자(Mediator), 속량자(Redeemer)

✱ 그리스도(Christ), 메시아(Messiah) → 기름부음 받은 자(The anointed one)

그리스도의 본성(The Nature of Christ)

1) 성경은 그리스도의 두 본성(이성 二性)을 말한다(딤전 3:16). 신적 본성(신성, Deity, divine nature)과 인간성(인성, Humanity, human nature).

2) 2성의 연합(The two natures united in one Person) → 품격의 단일성(Unity of the Person). 중보자의 품격은 변함없이 2위 성자 하나님으로, 성육신 중에 인격(사람으로서의 품격, human person, 부정적인 면 포함)으로 바뀌거나 채용되지 아니함. 그가 신성(하나님 본질, Godhead, God essential)에 더하여 취한 인성은 독립된 인격(personality)으로 발달하지 않고, 단지 성자의 위격 안에서 개인적 인격(personal)이 되었을 뿐임.
→ 하나님인 동시에 사람(God-man, 요 10:30; 17:5).

그리스도의 신분(The states of Christ)

1) 낮아지신 신분(State of Humiliation) 2) 높아지신 신분(State of Exaltation)

그리스도의 직분(The Offices of Christ)

그리스도에 의한 속죄(The Atonement Through Christ)

1) 원인(Cause): 대속에 의해 죄인을 구원하시려는 하나님의 기쁘신 뜻(good pleasure to save sinners) ← 하나님의 사랑과 공의(rooted in the love and justice of God).

2) 필요성(Necessity): 하나님은 공의로우시고 거룩하시므로 죄를 눈감아주실 수 없고 심판으로 선언하신 선고는 필히 집행되어야 한다.

3) 성격(nature): a) 하나님께 만족(satisfaction to God). b)대리적(vicarious), c) 능동적(영생을 얻는 조건인 율법 준수-죄인을 위하여), 수동적(자기 백성의 죄값을 지불하여 빚을 갚는 수난 당하심) 순종을 포함

4) 범위(extent): 속죄는 제한적이다. 제한속죄(Limited atonement)

제13과

구원 각론

(속량의 적용: 성령께서 하시는 일)

제29문답

속량에의 참여

문. 어떻게 우리가 그리스도께서 값을 치르신 속량에 참여자가 됩니까?

답. 그리스도의 성령께서,[B] 그 속량을 우리에게 유효하게 적용하심으로 우리가 그 속량에 참여하게 됩니다.[A]

Q. How are we made partakers of the redemption purchased by Christ?

A. We are made partakers of the redemption purchased by Christ, by the effectual application of it to us[A] by his Holy Spirit.[B]

속량(贖良): 그리스도께서 값주고 사신 속량(redemption purchased by Christ; 죄를 지어 죄에게 종으로 팔려간 우리의 죗값을 자기 피로 치르시고 죄인을 자유인이 되게 하심)을 우리에게 유효하게 적용하심으로 우리가 '참여자'가 됨.

A 요 1:12. B 딛 3:5, 6.

제30문답

속량의 적용

문. 성령께서는 그리스도께서 값을 치르신 속량을 어떻게 우리에게 적용하십니까?

답. 성령께서 우리 안에 믿음을 일으키시고[A] 이로 말미암아 유효한 부르심 단계에서 우리를 그리스도께 연합시키심으로,[B] 그리스도께서 값을 치르신 속량을 적용하십니다.

Q. How doth the Spirit apply to us the redemption purchased by Christ?

A. The Spirit applieth to us the redemption purchased by Christ, by working faith in us,[A] and thereby uniting us to Christ in our effectual calling.[B]

속량을 적용하는 수단: 바람이 파도를 일으키듯이 믿음을 일으키심 → 그 믿음(파도 같은)이 우리(가 타고 있는 조각배)를 그리스도(가 계시는 안전한 포구로)께 밀어붙임 → 유효한 부르심의 시작.

> 이중전가: 우리의 죄책, 정죄를 넘겨주고(그리스도께); 그리스도의 의(義)를 넘겨받음.
> Double Imputation: Our guilt and condemnation to christ; His righteousness to us.

A 엡 1:13, 14; 요 6:37, 39; 엡 2:8.   B 엡 3:17; 고전 1:9.

제31문답

효과적인 부르심

문. 효과적인 부르심이란 무엇입니까?

답. 효과적인 부르심(내적[內的])은 하나님의 성령께서 하시는 일로,[A] 우리의 온갖 죄와 비참을 깨닫게 하시고,[B] 그리스도의 지식으로 우리의 마음을 밝히시며,[C] 우리의 의지를 새롭게 하심으로,[D] 우리를 설득해서 복음에서 값없이 제공되는 예수 그리스도를 기꺼이 영접할 수 있게 하시는 전 과정입니다.[E]

Q. What is effectual calling?

A. Effectual calling is the work of God's Spirit,[A] whereby, convincing us of our sin and misery,[B] enlightening our minds in the knowledge of Christ,[C] and renewing our wills,[D] he doth persuade and enable us to embrace Jesus Christ, freely offered to us in the gospel.[E]

효과적인 부르심: "죄, 비참을 깨닫게 하심", "그리스도 지식을 알도록 마음을 밝힘", "의지의 일신" 등으로 설득하여 우리가 능히 주님을 영접케 하심(오늘날의 매듭으로는 회심까지).

[A] 딤후 1: 8, 9; 살후 2:13, 14. [B] 행 2:37. [C] 행 26:18. [D] 겔 36:26, 27. [E] 요 6:44, 45; 빌 2:13.

제32문답

효과적인 부르심을 받은 자의 혜택

문. 효과적인 부르심을 받은 자들이 이생에서 받아 누리게 되는 혜택들은 어떤 것들입니까?

답. 효과적인 부르심을 받은 자들은, 이생에서, 의롭다 하심(칭의),[A] 자녀 삼으심(입양),[B] 거룩하게 하심(성화) 등에 참여함은 물론, 이것들 각각에 수반되거나 결과로 더해지는 이생에서의 여러 유익들을 누리게 됩니다.[C]

Q. What benefits do they that are effectually called partake of in this life?

A. They that are effectually called do in this life partake of justification,[A] adoption,[B] and sanctification, and the several benefits which in this life do either accompany or flow from them.[C]

A 롬 8:30. B 엡 1:5. C 고전 1:26, 30.

제14과

구원의 매듭들

제33문답

칭의(의롭다 하심)

문. 칭의(稱義, 의롭다 여기심)란 무엇입니까?

답. 칭의는 하나님께서 그의 값없는 은혜에 근거해 단행하신 조치의 하나로,A 우리의 모든 죄를 사면(赦免)하시고 우리를 의롭다고 여기시어 받아 주심인데B 이는 다만 우리에게 전가된 그리스도의 의,C 곧 오직 그리스도를 믿음으로 우리가 받게 된 의를 어여삐 보신 때문입니다.D

Q. What is justification?

A. Justification is an act of God's free grace, wherein he pardons all our sins,A and accept us as righteous in his sight,B only for the righteousness of Christ imputed to us,C and received by faith alone.D

A 롬 3:24, 25; 4:6-8; 엡 1:7. B 고후 5:19, 21. C 롬 5:17-19. D 빌 3:9; 갈 2:16.

해 설

1. 칭의 교리

죄인을 의롭다고 하시는 법적 용어로서 범죄자가 법적 선언에 의하여 옳다고 여김 받는 것을 의미합니다. 이처럼 죄인의 칭의는 그 자신에게 의가 전혀 없이도 성립됩니다. 죄인이 그리스도를 믿을 때 하나님은 그를 가리켜 "그리스도의 의에 참여한 자"라고 법적으로 선언하십니다. 아직 아무 일도 하지 않고, 경건치도, 의롭지도, 거룩하지도 못한 죄인들을 그 믿음 때문에 의롭다고 간주하는 것입니다(롬 4:5). 칭의의 근거는 '이중 전가'이니, 곧 우리 죄인들의 죄책과 정죄를 그리스도에게 넘겨주고, 그의 완전한 의를 우리에게 넘겨주심입니다.

2. 이신칭의(以信稱義, justification by faith)

"믿음으로"란 말은 전가에 의해서 아무 공로 없는 죄인을 의롭다고 선언하시는 하나님의 방법론입니다. 우리 쪽에서 볼 때 '하나님의 거저 주시는 은혜'를 받는 손, 즉 도구를 이릅니다. (Faith is an instrument only, the hand by which we receive the righteousness of God. It is by faith that we receive the righteousness of God, but faith is not the source of that righteousness.) 갈라디아서 2:16에서 우리가 믿음으로만 의롭게 된다는 말은, 의롭게 되기 위해서는 회개와 믿음 외에 율법의 순종은 조금도 필요치 않다는 것입니다. 순종이나 선행들은 믿음의 열매일 뿐입니다.

이신칭의 교리는 "한 교회의 타락 여부를 말해주는 판별 조항"이라고 일컬을 정도로 중요합니다(...called "the article of a standing or falling

Church"). 왜냐하면 이신칭의를 부정하는 것은 은혜언약의 조건(믿음)을 부인하므로 언약을 어기는 것이 되기 때문입니다.

제34문답

양자(자녀 삼아주심)

문. 양자란 무엇입니까?

답. 양자(자녀 삼으심)는 하나님께서 거저 내리시는 은혜를 따라 취하신 결정의 하나인데,ᴬ 이로써 우리가 하나님 자녀의 수효에 들게 되어, 자녀들이 누리는 모든 특권들을 갖게 됩니다.ᴮ

Q. What is adoption?

A. Adoption is an act of God's free grace,ᴬ whereby we are received into the number, and have a right to all the privileges of the sons of God.ᴮ

해 설

1. 자녀 삼으심(huiothesia, placing as a son)

본질상 진노의 자녀가 하나님에 의해 그의 자녀와 영생의 후사로 받아들여지는 축복으로, ① 순간적이고, ② 그 효과는 영구적이며, ③ 의식할 수 있습니다. 그러나 우리가 입양에 의해 하나님의 자녀가 되었다고 해서 독생자이신 그리스도처럼 '신적인(divine)' 존재가 된 것은 아닙니다.

A 요일 3:1. B 요 1:12; 롬 8:17.

제35문답

성화(聖化, 거룩하게 하심)

문. 성화가 무엇입니까?

답. 성화는 하나님의 값없는 은혜의 사역으로,ᴬ 이로 말미암아 우리의 전인(全人)이 하나님의 형상으로 새로워져서,ᴮ 우리가 죄에 대하여는 자꾸만 더 죽을 수 있고, 의에 대해서는 점점 더 살 수 있게 됩니다.ᶜ

Q. What is sanctification?

A. Sanctification is the work of God's free grace,ᴬ whereby we are renewed in the whole man after the image of God,ᴮ and are enabled more and more to die unto sin, and live unto righteousness.ᶜ

A 살후 2:13. B 엡 4:23, 24. C 롬 6:4, 6; 8:1.

해 설

1. 성화

성화(sanctification)란 성령께서 죄인을 죄의 오염에서 깨끗하게 하시며 그의 전 본성을 하나님의 형상으로 갱신하여 죄인으로 하여금 선한 일을 할 수 있게 하시는, 성령님의 은혜로우시며 계속적인 사역입니다.

1) 성화는 칭의처럼 법적인 것이 아닌 도덕적 재창조적 활동입니다 (Not a legal act of God, like justification, but a moral and re-creative activity of God).

2) 점진적이며 생전에 완성될 수 없습니다(It is a lengthy and gradual process and never reaches perfection in this life).

3) 신자가 협력하는 사역입니다(It is synergistic, means a work in which man cooperates with God). 하나님은 그분의 기쁘신 뜻을 위하여 우리로 소원을 가지며 행하도록 역사하시고, 우리는 두려움과 떨림으로 우리 자신의 구원을 이루어나갑니다(빌 2:12, 13). 하나님과 사람이 동시에 함께 일하지 않는 성화는 없습니다.

2. 성화의 두 요소
1) 옛 사람의 억제(활력을 잃고 죽어감, Mortification of the Old Man)
2) 새 사람의 태동(활발해짐, Quickening of the New Man)

3. 구원론(soteriology): 죄인들이 어떻게 구원을 받는가?

죄인들의 구원(재창조)은 창조와 마찬가지로 삼위 하나님의 공동작업으로 이루어 가십니다.

1) 성부께서 계획하시고, 그리스도께서 이룩하시고, 성령께서 택자에게(마음과 생활에) 실시하십니다. 즉 구원론에서는 그리스도께서 이룩하신 속량을 적용하시는 단계인 성령님의 중보사역 내용을 다룹니다.

2) 재창조는 그 대상이 극악한 죄인이기 때문에 태초의 창조(아담의) 때와는 비교가 안 될 만큼 어려워 준비와 예행연습 등 여러 차례를 걸쳐 진행된다고 할 수 있습니다. 그래서 구원의 수행에는 시작에서 완성까지 밟아야 될 경로가 있으며 이를 몇 개의 과정(process)으로 나누어 순차적 단계(steps)별로 성부, 성자, 성령 각위의 하나님이 분담하여 수행하는 것으로 설명합니다.

3) 오늘날 신학에서 말하는 구원의 서정(序程, order of of the application; 논리적 순서).

> 내적 소명(소명 + 중생) → 회심(회개 + 믿음) → 칭의 → 자녀화 → 성화, 견인
> [──── 유효한 부르심 ────]

4. 일반은총
1) 일반은총의 의미
(1) 인간 마음에 갱신 작용 없이 도덕적 감화를 끼치심으로 범죄의 억제, 사회 질서의 유지와 국가와 시민적 정의를 증진시키심 같은 성령님

의 일반적 역할이나,

(2) 자격여부에 구별 없이 모든 사람에게 똑같이 내리시는 일반적 축복을 가리킵니다. 이 일반 은총의 축복들은 그리스도 속죄 사역의 간접적 결과로 여겨집니다.

(3) 일반은총의 작용 수단(Means of Common Grace)

① 하나님: 일반계시의 빛

② 정부

③ 여론(public opinion)

④ 하나님의 형벌과 상급(Divine punishments and rewards)

(3) 일반 은총의 효과(Effects of Common Grace)

① 선고된 형(사형)의 집행 유예.(The executioin of the sentence of death on man is deferred.) 회개할 기회 제공. 롬 2:4; 벧후 3:9.

② 개인과 국민의 생활에서 죄 억제(Sin is restrained in the lives of...). 창 20:6; 31:7; 엡 1:12, 26.

③ 진리, 도덕, 종교에 대한 의식이 남아 있음. 롬 2:14, 15; 행 17:22.

④ 겉보기에 하나님의 율법에 일치하는 세속적 의로운 행위를 함. 왕하 10:29, 30; 눅 6:33.

⑤ 자연적 축복. 시 145:9, 15, 16; 마 5:44, 45; 눅 6:35, 36; 행 14:16; 딤전 4:10.

5. 부르심과 거듭남(Calling/Vocation and Regeneration)

1) 부르심(소명[召命]): 이는 그리스도 안에서 제공되는 구원을 받도록 죄인들을 초청하시는 하나님의 은혜로우신 조치입니다. 외적 소명과 내적 소명으로 구분 합니다.

(1) 외적 부르심(External Calling): 그리스도를 영접하여 믿기만 하면

사죄와 영생을 얻게 되는 구원이 죄인들에게 선포되며 제시되는 진지하고 간곡한 권고라고 정의할 수 있습니다. 따라서 외적 소명의 세 요소는

① 복음의 실제 내용(facts)과 개념(ideas)의 제시,

② 회개와 신앙으로의 초대,

③ 용서와 구원의 약속. 여기서 약속은 조건적(conditional)입니다.

외적 부르심의 특징은 보편적이고(universal), 엄숙한(serious) 부르심이라는 것입니다.

(2) 내적 부르심(Internal Calling): 내적/외적 두 부르심은 사실은 하나입니다. 내적 부르심이란 바로 성령께서 유효하도록 작용하신 외적 부르심이기 때문입니다. 언제나 하나님의 말씀을 통해서 죄인에게 임하면 성령께서 구원적으로 적용하십니다. 내적 부르심과 일반적 부르심은 마테복음 22:1-14의 비유에서 잘 설명하고 있습니다.

2) 거듭남(중생, 重生, Regeneration, Born Again)

중생이란 사람 안에 새 생명의 원리를 심으심으로 영혼의 지배적 성향(governing disposition)을 거룩하게 하시는 하나님의 행위입니다. 거듭남의 창시자(Author)는 성령님(요 1:13; 행 16:14; 요 3:5, 8)으로, 택자를 그 마음에서 새로운 존재로 개조하시는 창조적 사역을 이루십니다.

중생의 결과: 자아의 분열 즉 영적 생명을 받아 그의 육(부패성)과 영이 대립되며(요 3:5, 6), 죄감(罪感)을 갖게 되며, 참된 회개를 가져오며, 그리스도의 필요성을 알아 믿게 됩니다.

6. 회심: 회개와 믿음(conversion : Repentance and Faith)

중생 단계에서 이룩된 변화가 의식적 생활 중에 나타나기 시작할 때를 회심이라 부릅니다. 곧 회개와 믿음을 통하여 하나님께 돌아오게 하시는

하나님의 조치를 말합니다.

1) 회심(Conversion)의 종류: 국민적 회심(욘 3:10), 일시적(temporary) 회심(마 13:20,21), 반복적(repeated) 회심(눅 22:32).

2) 회심(회개+믿음): 죄인이 그리스도께로 유턴(U-turn)

회개: 전인이 죄에서 돌아섬 turning away from sin	요소 (전인全人)	믿음: 전인이 예수에게 돌아옴 turning unto Jesus Christ
갖은 죄, 비참한 처지 인식 죄에 대한 경건한 비애 죄에서 떠나는 내적 전환	지적 요소/생각의 변화 감정적요소/감정 변화 의지적 요소/목적 변화	복음 진리(속량)에 대한 확신 대상(그리스도)의 필요성 절감(찬동) 그리스도 안에서 약속에 대한 신뢰

(1) 회개(Repentance): 과거를 돌아보고 슬픔을 느끼고 목적을 바꾸는 소극적 회심. 회개는 은혜언약에만 있고 행위언약에는 없는 것입니다.

(2) 믿음(Faith): 앞을 바라보는 회심의 적극적 요소

믿음(pistis-신약 용어): ① 어떤 이물에 대한 일반적 신뢰(confidence). ② 이 신뢰에 근거해서 그의 증거를 쉽게 받아들임. ③ 미래를 위해서 그에게 둔(맡긴) 신뢰(trust).

3) 믿음(Faith)의 종류: 역사적 믿음(행 26:27, 28; 약 2:19), 일시적(temporal) 믿음, 이적적 (miraculous) 믿음, 구원하는 믿음(saving faith).

※구원하는 믿음의 3요소

지적(Intellectual); 감정적(Emotional, 찬동 Assent); 의지적(Volitional, 신뢰Trust)

하나님을 신뢰하는 참된 믿음은 정도는 다르지만 자연적으로 안전과 보호 의식을 수반합니다(true faith...carries with it a sense of safety and security though this may vary in degree). 믿음에 동반되는 이 확신은 신자 모두가 항상 소유하고 있는 것은 아닙니다. 달이 항상 만월(full-orbed)이 아니듯이, 신자의 믿음생활도 언제나 믿음으로 충만할 수는 없기 때문입니다. 그 결과로 신자는 영적 부요함보다는 가끔 의심과 불확실성을 느껴 동요되기도 합니다. 이것이 바로 성경이 확신을 잘 가꾸라(cultivate)고 재촉하는 이유입니다(고후 13:5; 히 6:11; 벧후 1:10; 요일 3:19). 확신은 기도(by prayer), 하나님의 약속을 묵상함(by meditating), 성령의 열매가 입증해주는 참된 믿음 생활을 키워 나감(by development of a truly Christian life)으로 배양됩니다.

7. 칭의(Justification)

칭의의 시간: ① 영원으로부터 오는 칭의, ② 그리스도의 부활로 인한 칭의의 주장도 있으나 ③ 믿을 때에 칭의를 받는 것이 옳은 견해입니다.

8. 성화(聖化)와 성도의 견인(堅忍)(Sanctification and Perseverance of the Saints)

죄인을 정화시키시며, 죄인의 전 본성을 하나님의 형상으로 갱신하시며, 선행을 가능하게 하시는 성령님의 계속적이고 은혜로우신 작용을 말합니다.

1) 성화의 두 부분:
(1) 인간 본성의 부패와 오염의 점진적 제거,
(2) 하나님께 헌신하는 새 생활의 점진적 발달.

2) 성화와 선행(Good Works)
3) 성도의 견인: 일단 성도가 되면 은혜의 상태에서 떨어질 수 없다는

말입니다. 견인이란 "성령께서 신자의 마음속에서 하나님의 은혜의 역사를 시작하시고, 계속하시어서, 마침내 완성을 보시는 성령의 계속적 작용"이라고 정의됩니다. "성도의 인내 또는 끝까지 견딤"이라는 말 자체를 보면 '성도들이 구원의 길에서 끝까지 견디어 내는 인내의 계속적인 활동'을 말하는 것 같습니다. 그러나 바르게 말하면 인내하는 쪽은 인간이 아니라 하나님이십니다(목적 소유격 - 하나님이 성도를 인내함). 개혁교회의 고백대로 "신자가 참으로 거듭나고 진실한 믿음을 가졌다면 궁극적으로 구원을 얻으며, 완전히 타락하여 은혜의 자리에서 떨어질 수는 없다"는 말입니다.

[정리]

속량을 택자에게 적용하는 순서(Order of the application of redemption to the elect)

(1) 복음 선포로 무료로 제공되는(free offer) 구원(하나님의 외적 부르심)

(2) 거듭남(택자를 그 마음에서 새로운 존재로 개조하시는 하나님의 창조적 행위)

(3) 회심(회개와 믿음을 통해 복음에 반응한 새 마음의 활동)

(4) 칭의(회개와 믿음을 보시고 그의 택자를 "의롭다[just]"고 선고하시는 하나님의 사법적 행위)

(5) 입양(하나님께서 그들을 하나님 자녀의 권리와 특전을 인정하시는 행위)

(6) 성화(택자가 하나님의 뜻 안에서 계속 자라가도록 믿음에서 인내할 수 있게 하시는 성령의 사역)

(7) 영화(몸의 부활 순간, 신자는 드디어 그리스도 안에서 몸과 영혼이 영원히 완전하게 됨)

> 참조

아르미니우스주의(Arminianism): 구원에서 성령님의 역할을 부정합니다. 이들의 잘못된 견해는 중생조차도 인간 측의 신앙에 의해서 이루어진다고 봅니다.

제15과

믿음이 받는 보상과 종말론

제36문답

이생(현세)에서의 보상

문. 이생의 삶에서 칭의, 입양 및 성화 등에 따라오거나 이것들에서 묻어나는(파생되는) 유익들에는 어떤 것들이 있습니까?

답. 이 유익은, 하나님의 사랑에 대한 확신, 양심의 평안,ᴬ 성령 안에서 얻는 기쁨,ᴮ 은혜의 증가,ᶜ 그리고 이것들 안에서 끝까지 견딤으로 얻게 되는 궁극적 구원(견인 堅忍) 등입니다.ᴰ

Q. What are the benefits which in this life do accompany or flow from justification, adoption, and sanctification?

A. The benefits which in this life do accompany or flow from justification, adoption, and sanctification, are, assurance of God's love, peace of conscience,ᴬ joy in the Holy Ghost,ᴮ increase of grace,ᶜ and perseverance therein to the end.ᴰ

A 롬 5:1, 2, 5. B 롬 14:17. C 잠 4:18. D 요일 5:13; 벧전 1: 5.

해 설

1. 견인(堅忍)

1) 성경의 증거 : 요 10:28, 29("내가 그들에게 영생을 주노니 영원히 멸망하지 아니할 것이요 또 그들을 내 손에서 빼앗을 자가 없느니라"); 롬 11:29; 빌 1:6; 살후 3:3.

2) 선택교리에서: 선택교리는 구원의 어떤 수단으로 또는 사람이 구원받을 수 있는 방법으로의 선택이 아니라, 완전한 구원의 완성을 목적으로 한 선택입니다(election to the end of a perfect salvation).

3) 그리스도의 공로와 중보 역할의 효력에 미루어(it may be inferred from the efficacy of the merits and the intercession of Christ.) 히 7:25.

4) 그리스도와 신자와의 신비적 연합에서(a natural inference from the mystical union).

5) 신자가 이생에서 구원의 확신을 얻을 수 있다고 하는 사실에서 미루어 알 수 있습니다(벧후 1:10).

제37문답

죽음에 임해서

문. 죽음을 당해서 신자가 그리스도에게서 받는 혜택은 어떤 것들입니까?

답. 신자는 죽을 때, 그 영혼은 완전히 거룩하게 되어,ᴬ 즉시 영광에 들어가고,ᴮ 그 몸은 여전히 그리스도께 연합된 채 그대로,ᶜ 부활할 때까지ᴱ 무덤에서 안식하게ᴰ 됩니다.

Q. What benefits do believers receive from Christ at death?

A. The souls of believers are at their death made perfect in holiness,ᴬ and do immediately pass into glory;ᴮ and their bodies, being still united to Christ,ᶜ do rest in their gravesᴰ till the resurrection.ᴱ

A 히 12:23. B 고후 5:1, 6, 8; 빌 1:23; 눅 23:43. C 살전 4:14. D 사 57:2.
E 욥 19:26, 27.

제38문답

부활 시에 받는 유익

문. 신자가 부활할 때에 그리스도에게서 무슨 유익을 얻습니까?

답. 부활할 때에 신자들은 영광 중에 다시 살아나며,^A 심판 날에 공개적으로 무죄함이 확정되어 사면을 판결 받게 될 것입니다.^B 그리고 영원토록^D 하나님을 마음껏 즐기는^C 복된 자가 될 것입니다.

Q. What benefits do believers receive from Christ at the resurrection?

A. At the resurrection, believers being raised up in glory,^A shall be openly acknowledged and acquitted in the day of judgment,^B and made perfectly blessed in the full enjoying of God^C to all eternity.^D

A 고전 15:43. B 마 25:23, 10:32. C 요일 3:2; 고전 13:12. D 살전 4:17, 18.

해 설

1. 죽음

죽음은 몸과 혼이 분리됨에 따라 육체의 생명이 종료되는 것이며(전 12:7), 소멸되는 것은 아닙니다. (Death is never an annihilation, but a termination of physical life by the separation of body and soul.)

2. 분리(separation):

멀리 떨어짐, 이별(離別); 소원(疏遠, alienation), 단절(severance)의 뜻으로,

1) 개인의 죽음(첫째 사망, 육체의 죽음)은 영혼의 육체와의 분리(창 3:17-19; 전 12:7; 히 9:27; 전 3:20, 21).

2) 하나님과의 분리 – 죽음(전인, 창 2:17, 둘째 사망, 계 20:6, 13). '분리'가 언제나 부정적인 뜻만 갖는 것은 아닙니다: 세속과의 분리(거룩); 버린 자(다수)와의 분리(선택).

3) 세속과의 분리는 유익을 얻는 수단이 됩니다. 하나님께서는 악을 선용하셔서 신자 성화의 수단으로 쓰십니다.

인생 죽음의 원인은 죄악입니다(동양 미신에서처럼 저승사자가 데려감이 아님). 성경은 이렇게 말합니다. "사망이 쏘는 것(sting, 켄트론 살[화살, 작살 같은])은 죄요 죄의 권능은 율법이라(고전 15:56)." 이 구절은 인생이 당하는 죽음의 비극적 진상을 자세하게 일러줍니다. 사망이(의인화 됨) 사람들에게 죄를 마구 쏘아 쓰라림과 고통을 줍니다. 마침내 죽기까지 계

속됩니다.

이 죄가 무슨 힘으로 이렇게 하느냐 하면, 바로 율법의 힘입니다. 화살이 시위를 떠나 표적된 사람에게 상처와 죽음까지 이르게 하는 이 힘은, 비유를 들자면 물리학에서 말하는 운동의 법칙(뉴턴의 제일, 또는 관성의 법칙)의 이른바 관성의 힘입니다.

인간은 눈 뜨는 순간, 아니 숨 쉬는 매 순간마다 율법을 범하게 되며, 정죄를 받아 죽음으로 한 발짝씩 다가섭니다. 이때마다 쏘이고 찔려(딤전 6:10) 양심의 고통으로 아파합니다. 이 찔림은 죄가 율법에 의하여 양심을 쏘기 때문에 생기는 고통입니다.

제37, 38문답은 종말론적 관심사입니다. 그중에서 제37문답은 개인 종말(individual eschatology)의 내용이며 제38문답은 일반(general) 종말론에서 다루는 주제입니다.

3. 개인의 종말과 그 후

죽음, 그 후 문제는 오로지 신앙으로만(성경에 의하여서만) 알 일입니다.

중간상태/기간(intermediate state, interim period): 인간의 영혼이 죽음과 부활 사이에 거하는 영역이나 조건. 부활 때까지, 몸이 무덤에서 쉬고 있는 동안 영혼은 어디에서 어떻게 지내는가?

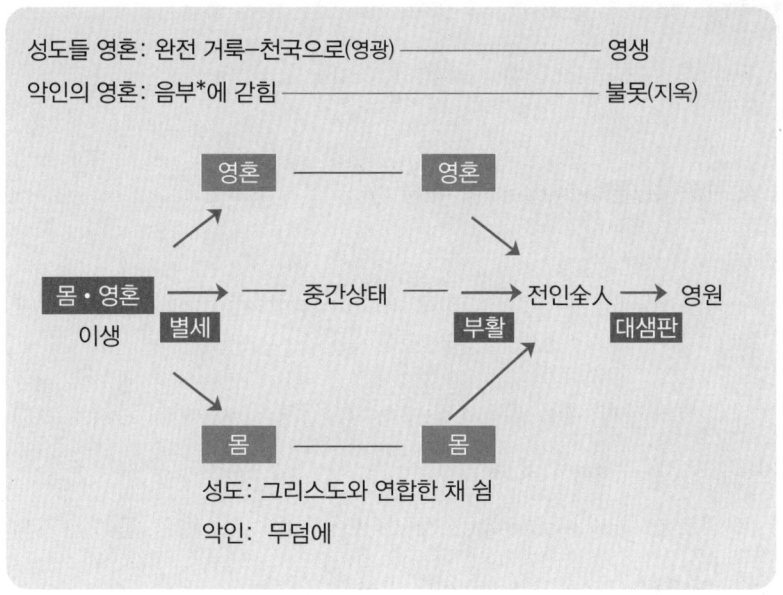

* 구약에서 스올, 신약에서 하데스(hell, 눅 16:23; 계 20:13, 14), 옥(prison, 벧전 3:19), 무저갱(Abyss).

성도들의 영혼은 천당 = 하늘에 있는 영원한 집(고후 5:1)로 직행;

악인의 영혼은 음부에 갇힘(최후심판 후에 부활한 악인[전인, 全人]은 불못 = 지옥[게헨나]으로).

> 특주

종말론(Eschatology; The Doctrine of the Last Things)

A. 개인종말론(Individual Eschatology)

1. 육체의 죽음과 중간 상태(Physical Death and the Intermediate State)

1) 육체의 사망: 우리말의 죽음만큼이나 성경에서도 여러 가지로 표현됨, 몸(영혼과 구별해서)의 죽음(마 10:28; 눅 12:4), 동물적 생명의 종료 또는 상실(termination or loss of animal life; 눅 6:9; 요 12:25), 몸과 영혼의 분리(separation of soul and body; 전 12:7; 약 2:26).

죽음은 죄의 결과이며, 죄에 대한 형벌이며, 자연적인 것이 아니라 하나님의 진노의 표현이며(시 90:7, 11), 심판이며(롬 1:32), 유죄선고이며(condemnation; 롬 5:16), 저주(curse; 갈 3:13)이니 공포스러운 무서움의 대상이 아닐 수 없습니다.

그러나 신자의 별세(소천)는 성화 과정 가운데 중요한 요소의 하나로 여김이 마땅하니, 곧 성도들의 죄에 대한 죽음의 완성입니다(the consummation of their dying unto sin).

2) 중간상태
(1) 성경이 말하는 스올과 하데스가 의미하는 뜻(designate)
① 악인이 벌 받는 장소.
② 죽음의 상태나 형편(state or condition of death).
③ 무덤(grave).

(2) 연옥(purgatory), 림보(limbus)

(3) 영혼 수면설(sleep of the soul).

(4) 성경의 증언: 신자들은 죽음 직후에 하나님과 예수 그리스도와의 교제를 통해 의식적인 생활을 즐긴다고 합니다(The Bible represents believers as enjoying a conscious life in communion with God and with Jesus Christ immediately after death; 눅 16:19-31; 23:43; 행 7:59; 고후 5:8; 빌1:23; 계 6:9; 7:9; 20:4.

B. 일반종말론(General Eschatology)

1. 그리스도의 재림(다시 오심) The Second Coming/Advent of Christ

1) 재림 전의 대 사건들

(1) 이방인의 부르심,

(2) 이스라엘의 회심,

(3) 적그리스도의 출현(The Coming of Antichrist),

(4) 표적과 기사(Signs and Wonders).

2) 그리스도의 재림(다시 오심)

2. 천년왕국과 부활(The Millennium and The Resurrection)

1) 천년기설(千年期說, Millennialism): 대환난, 구약의 계시, 재림, 천년왕국(계 20:1-10), 대심판 과 관련하여 이것들의 의미와 시간적 순서에 관한 해석상의 이견들.

2) 무(無)천년기설(Amillenial view): 재림과 대 심판 사이에 긴 기간이 없다는 학설로 계 19:11-21을 예수님의 재림이 아니라 신약시대의 복음전도 운동을 말한다고 봄. 1) 중간 시대 기간을 신약 시대(땅 위에서 복음 전하는 시대)로 봄. 2) 천년기간(20:4-6)이 별세한 성도들의 천국생활을 가리킨다는 설(Bavinck).

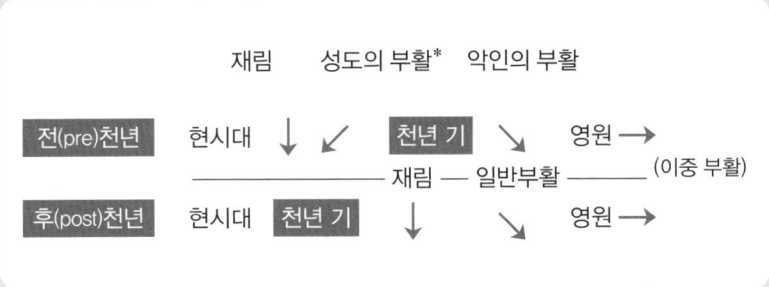

* 부활: 신체적 부활; 그 시기는 그리스도의 재림, 세계의 종말과 일치하며 최후심판 직전임.

3. 마지막 심판과 최후 상태(The Last Judgment and the Final State)

심판의 시기는 부활 직후이며 그 표준은 계시된 하나님의 뜻이며, 이방인은 자연법, 유대인은 구약 계시, 신약 신자들은 신약계시와 함께 복음의 요구에 의하며, 상급(rewards)이나 형벌에는 등급(degree)이 있습니다.

| 제2부 |

하나님께서 요구하시는 사람의 의무

제39~107문답

제16과

하나님의 언약적 요구

제39문답

요구하시는 의무

문.   하나님께서 요구하시는 인간의 본분(의무)은 무엇입니까?

답.   하나님께서 인간의 본분으로 규정하신 사람의 의무는 그분의 계시하신 뜻에 순종함입니다.

Q.   What is the duty which God requireth of man? (여기서 "requireth"[요구함]이란 존재나 관계, 질서[명분]상 당연히 받아야 할 것을 달라고 청구함이니 "명령, command"과 교대로 쓸 수 있는 말입니다.)

A.   The duty which God requires of man, is obedience to his revealed will. (여기서 "revealed will"[계시된 뜻]은 드러내 보이신 뜻으로 율법과 복음에서 계시된 "교훈 의지"[Will of His precept, which is revealed in the law and in the gospel]이며; 계시되지 않은 "은밀한 의지"[secret will; 하나님 안에 감추어진 "작정 의지"])와 대조되는 문구입니다.)

제40문답

순종의 규칙: 도덕법

문. 하나님께서 사람이 순종할 규칙으로 맨 처음에 무엇을 계시하셨습니까?

답. 하나님께서 사람에게 처음으로 계시하신 순종의 규칙은 도덕법입니다.

Q. What did God at first reveal to man for the rule of his obedience?

A. The rule which God at first revealed to man for his obedience, was the moral law.

제41문답

도덕법은 십계명에

문. 이 도덕법이 요약되어 내포된 곳은 어디입니까?

답. 도덕법이 요약되어 담긴 곳은 십계명입니다.^A

Q. Where is the moral law summarily comprehended?

A. The moral law is summarily comprehended in the ten commandments.^A

인간의 본분(의무) = 하나님의 계시된 뜻에 순종

| DUTY | God requires of man = | OBEDIENCE | to his revealed will

하나님의 계시된 뜻 = 도덕법 → 십계명(제41문답) → 사랑의 큰 2계명(제42문답)

십계명의 개요 ≡ 하나님 사랑 + 이웃 사랑
 (마음, 목숨, 힘, 뜻 다하여) → (나 자신처럼)

〈귀결 corollary〉: 사람의 의무 → → 사랑 (하나님과 이웃)

A 미 6:8("여호와께서 네게 [요]구하시는 것은 오직 정의를 행하며 인자를 사랑하며 겸손하게 네 하나님과 함께 행하는 것이 아니냐"); 삼상 15:22.

B 롬 2:14; 롬 10:5. C 신 10:4; 출 31:18.

해 설

1. 도덕법(도덕적 율법 = 도덕률)

모든 인류(아담과 그의 모든 후손)에게 선포하신 하나님의 뜻으로(the declaration of the will of God to mankind), 영육 전인(全人whole man)이 개인적으로, 충실하게 그리고 꾸준하게 준수하고 순종할 규칙입니다(대요리문답 제93문답, 신앙고백 제19장 1항). 누구에게나 이 도덕법이 마음에 새겨진 증거는 양심(도덕적 의식)입니다(롬 2:14, 15).

2. 율법

모세의 율법서(토라) 전체를 통칭하는 말로 (가) 도덕법 혹은 십계명(출20:1-17), (나) 시민법(출21-23장; 레위기; 민수기; 신명기), (다) 예배의식(儀式) 법(주로 레위기). 율법은 시 119편에서 여러 말로 표현됨(말씀, 율례, 법도, 규례, 계명, 판단, 증거, 교훈, 등).

3. 십계명(十誡命, Decalogue)

도덕법은, 아담의 타락 후에도, 의로움의 절대적인 규범으로 계속 존속하다가, 시내산에서 하나님에 의하여 두 돌판에 쓰여 십계명으로 성문화됩니다. 즉 도덕법은 십계명에 고스란히 담겨 있어 십계명과 동의어로 여겨지기도 합니다. 처음 네 계명은 하나님께 대한 우리의 의무를, 나머지 여섯 계명은 사람에 대하여 우리가 행할 의무를 담고 있습니다.

1) 십계명은 때로 도덕법 또는 자연법(선천법)으로 불리우리만치 의(義)의 참되고 영원한 규칙(the true and eternal rule of righteousness)으

로서 하나님의 뜻에 따라 살아가려는 모든 시대의 만민에게 주신 완전한 의를 포괄하는 표준이요 순종의 규범입니다. 성경에서는 "증거 또는 증언, Testimony"이라고도 합니다(출 25:16, 21).

2) 충족원리: 십계명에는 하나님의 드러내신 뜻이 모두 망라되어 있어 (We have the whole will of God expressed) 더 이상 부가할 조목이 필요 없이 (10개 조항으로) 충분합니다(What He commands is sufficient). 그렇지 않고, 모든 지령과 금지 세목을 덧붙여 우리에게 주셨다면 천 계명도 더 되었을 것입니다. 따라서 각 항목은 말로 표현된 것 이상의 내용이 포함되도록 되어있는 제유법[56]으로 이해해야 합니다.

십계명이 어려운 것은 우리와 차원이 다른 하나님의 뜻이기 때문입니다. 알기 쉽게 말해서 3차원 입체 상자 속의 내용물을 2차원 평면으로 압축한 경우에 해당합니다. 압축된 겉에 붙은 표지(라벨)만 보아서는 내용물의 진상을 알 수 없는 것과 같은 이치입니다. 그래서 죄악의 추악상을 극명하게 드러내기 위하여, 여러 범죄 중에서 가장 끔찍하고 악한 요소를 본보기로 전 범주의 모든 요소들을 대표하게 하심으로, 평면 종이에 적힌 표지로 나타냄으로 죄악에 대한 혐오감을 증폭시킵니다. 예를 들면, 분노와 미움은, 그렇게 부르는 것만으로는 그것들이 그렇게 악하다는 생각을 못하다가, 그것들을 "살인"이라는 범주 속에 포함시켜 금지하게 되면, 하나님의 말씀이 분냄과 미움을 끔찍한 범죄의 수준으로 여겨 정죄함으로써 그것들이 하나님 보시기에 얼마나 혐오스럽고 가증스럽고 사악한 범죄들인지를 알게 됩니다.

---

[56] 제유법(提喩法, synecdoche): 사물의 일부로서 사물 전체를 대표하게 하거나 전체로서 일부를 대표하게 하는 수사학적 기법임. '떡으로만 살 것이'에서 떡은 단지 떡만이 아니라 음식 전체를 대표함.

3) 계명문의 구성: ① 머리말, ② 본문: 10 계명문장 + 4(제2, 3, 4, 5계명) 보충설명 단락(이유, 근거, 약속과 위협 등).

4) 본 문답에서는 각 계명마다 내용, "하라"고 명하시는 요구(의무 규정), "금지"하시는 죄행, 그리고 몇 계명에서는 덧붙여진 보충설명의 구실 따위를 묻고 답하므로, 한 계명의 해설에 3-4문답 이상씩으로 구성됩니다. 이처럼 선행을 명하시고 악행을 금하시는 모든 경우에 공통적으로 지명된 명제에 반의적 설명을 요구함으로써 배중 원리에 의한 제유적 표현의 범위를 확장합니다.

참조

배중(排中; excluded middle) 원리: 십계명에서 요구/명령하지 않은 것은 모두 금지하신 것이다(What He does not commanded is therefore forbidden). 곧 요구하시지도, 금하시지도 않으신 (마리아 숭배처럼) 것은 전부 금지하신 것으로 요구와 금지 사이에는 제삼자가 존재할 수 없습니다. 절대자이신 하나님 앞에서는(영적 세계) 중립이 있을 수 없기 때문입니다.

제17과

십계명의 개요와 머리말

제42문답

십계명의 개요

문. 십계명의 개요가 무엇입니까?

답. 십계명의 개요는 우리의 마음과, 목숨, 힘과, 뜻을 다하여 주 우리 하나님을 사랑하고, 또 이웃을 우리 자신같이 사랑하라는 것입니다.A

Q. What is the sum of the Ten Commandments?

A. The sum of the ten commandments is, To love the Lord our God with all our heart, with all our soul, with all our strength, and with all our mind; and our neighbor as ourselves.A

A 마 22:37-40; 신 6:5; 눅 10:27.

제43문답

십계명의 머리말

문. 열 개의 계명들을 명령하시기에 앞서 미리 일러둔 머리말은 무엇입니까?

답. "나는 너를 애굽 땅, 종 되었던 집에서 인도하여 낸 네 하나님 여호와니라"[A]입니다.

Q. What is the preface to the ten commandments?

A. The preface to the ten commandments is in these words, I am the Lord thy God, which have brought thee out of the land of Egypt, out the house of bondage.[A]

A 출 20:2; 신 5:6.

제44문답

머리말의 교훈

문. 이 머리말이 우리에게 주는 교훈은 무엇입니까?

답. 이 서두 말씀에서, 하나님께서는 우리들의 주(소유주)시요, 하나님이시요, 속량자이신 까닭에, 우리는 그의 모든 계명들을 지키지 않을 수 없음을 가르칩니다.A

Q. What doth the preface to the ten commandments teach us?

A. The preface to the ten commandments teacheth us, That because God is the Lord, and our God, and Redeemer, therefore we are bound to keep all his commandments.A

해 설

1. 삼중 근거

제44문답에서는 율법을 공표하기에 앞서 이 율법의 위엄이 멸시당하지 않도록 율법의 권위를 세우시기 위하여 취하신 특별조치에 해당하는 이 서두 말씀은 삼중 근거로 제시되었으니;

1) "주"(主, Lord, Adonai)시라 함은 자신에게 순종을 강제할 수 있는 권세의 능력과 권한이 있으므로 택한 백성들이 그에게 순종해야 할 당위성

A 눅 1:74, 75; 벧전 1:15-19.

의 주장입니다.

2) "우리의 하나님"(God, Theos, Elohim)이심은 주님이야말로 명령할 권한과 순종을 받아 마땅하지만, 너무 부득이한 필연성에 호소하는 것만이 아님을 강조하기 위해서 우리(하나님 소유된 백성, 곧 교회)의 하나님이신("나는 그들의 하나님이 되고 그들은 내 백성이 되리라", 렘 31:33) 언약 관계를 언급하심으로 자발적 순종을 유도하십니다.

3) "속량자"는 '종 되었던 집에서 인도하여 낸' 하나님을 표현하는 말로 최근에 이스라엘에게 베푸신 은혜를 상기시키는 것은 이들을 자기 백성이라고 주장하실 권리가 있는 하나님께 의무적 순종을 넘어선 기쁨과 즐거움으로 열렬하게 헌신하도록 하시려는 것입니다. 오늘날의 우리도 속량되기 전에는 죄악의 종이었음을 상기시킵니다.

> 참조

※ 율법폐기론: 생활법칙으로서의 법칙이 기독교인들에게는 구속력을 갖고 있지 않다는 주장.

※ 상황윤리(신도덕[The New Morality]): 율법과 사랑 사이에 근본적인 충돌이 존재한다는 주장(law may be against love; 잘못된 사랑의 개념, 사랑은 율법의 완성[롬 13:10]).

2. 도덕법과 십계명

의무, 순종(규칙), 도덕법, 십계명: 2개의 작위(作爲)의무(commission) + 8개의 부작위의무(omission)		
사랑	하나님	예배: 제1(대상), 제2(방식), 제3(태도), 제4(빈도)
	이웃	배려: 제5(권위), 제6(생명), 제7(혼인), 제8(소유), 제9(언어), 제10(탐심)

제18과

제1계명(제45-48문답)과
제2계명(제49-52문답)

제45문답

제1계명의 내용

문. 제1계명은 어떤 내용입니까?

답. 제일은 "너는 '나 외에는(내 앞에서)' 다른 신들을 네게 두지 말라"입니다.ᴬ

Q. What is the first commandment?

A. The first commandment is, Thou shalt have no other gods before me.ᴬ

A 출 20:3

제46문답

제1계명이 명하는 의무

문. 제1계명을 통해서 우리에게 무엇을 요구하십니까?

답. 제1계명에서의 요구는 "하나님만이 유일하신 참 하나님이시며, 우리의 하나님이심을,ᴬ 알고 인정하여 그에 합당하게 예배하며 영화롭게 하라"ᴮ는 것입니다.

Q. What is required in the first commandment?

A. The first commandment requireth us to know and acknowledge God to be the only true God, and our God;ᴬ and to worship and glorify him accordingly.ᴮ

A 대상 28:9; 신 26:17. B 마 4:10; 시 29:2.

제47문답

제1계명이 금하는 죄목

문. 제1계명을 통해서 금하시는 죄행들은 무엇입니까?

답. 제1계명으로는, 참 하나님을 부인하거나,^A 참 하나님을 하나님으로^B 또 우리 하나님으로^C 예배하지 않거나 영화롭게 하지 아니하는 것, 그리고 오직 그에게만 드려야 할 예배와 영광을 다른 자에게 드리는 것을 금하십니다.^D

Q. What is forbidden in the first commandment?

A. The first commandment forbiddeth the denying,^A or not worshipping and glorifying the true God as God,^B and our God;^C and the giving of that worship and glory to any other, which is due to him alone.^D

A 시 14:1. B 롬 1:21. C 시 81:10, 11. D 롬 1:25, 26.

제48문답

"나 외에는"

문. 제1계명의 "나 외에(내 앞에서)"란 말씀에서 우리가 특별하게 배우는 바는 무엇입니까?

답. "내 앞에서"란 말씀은 모든 것들을 꿰뚫어 보시는 하나님께서, 우리가 어떤 다른 신을 섬기는 죄를 눈 여겨 보시고 심히 격노하시는 그의 주목을 피할 수 없음을 배웁니다.[A]

Q. What are we specially taught by these words [before me] in the first commandment?

A. These words [before me] in the first commandment teach us, That God, who seeth all things, taketh notice of, and is much displeased with, the sin of having any other god.[A]

[제1계명 요약]

내용: 오로지 하나님만 (제45문답)
요구: [알고 인정하라- 유일 참신, 우리 하나님] ⇒ [합당하게 드리라- 예배, 영화]
금지: [요구에 불순종(인정/부인; 드리라/안 드림)][예배와 영화를 다른 신에게 드림]
문구 "내 앞에서"의 교훈: "예배와 영광을 다른 신에게 드림"은 하나님의 눈을 피할 수 없는 중죄로 주목과 격노하심의 대상.

A 겔 8:5, 6; 시 44:20, 21.

해 설

1. 제1계명의 내용

처음 "나 외에"란 말은 히브리 원어는 "알 파나이"(나의 얼굴 앞)이니 무소부재하시는 하나님의 임재를 말합니다. 우리가 어디에 있거나 언제나 하나님 면전입니다. 또 전지전능하시므로 모든 사람의 마음을 감찰하사 그 속내에 품은 모든 의도와 동기를 아시니 그의 눈은 못 속인다는 것입니다(대상 28:9). 따라서 사람이 하나님을 섬기는 목적 없이 무엇이든지 사랑한다면, 이유여하를 막론하고 하나님을 격노하게 하는 범죄임을 알 수 있습니다.

다른 신들을 네게 두지 말라 하심은 오직 하나님만 두라는 말입니다. "두라"는 말은 '머물러 있게 하라'는 뜻이니 (히브리어 원문은 "하야" - 영어의 be동사에 해당, to be) 대부분의 영문 번역본에서는 have(품다)로 번역된 부정 명령문(미완료 시제)입니다.

2. 요구(제46문답): 다른 신을 섬기지 않는 것만으로는 안 됩니다.

1) 하나님(그리고 그에게 속한 모든 것)만을 우리 온 마음에 두라(have)라는 것입니다. 우리 성경에 계시된 하나님을 우리의 유일한 하나님으로 믿고(알고 인정함) 기꺼이 받아들이라는 것입니다.

2) 그렇다면 참신이신 우리의 하나님의 신격에 합당한 예배와 영광을 그에게만 두라는 것입니다. 우리가 그 앞에 두어야 할(차려서 올려 드려야 할) 둘 거리는 예배와 영광만이 아닙니다. 칼빈은 앙모, 신뢰, 기원, 감사를 듭니다(『기독교강요』II. 8. 16).

3. 금지

다른 신을 섬기지 않는 것만으로는 모자랍니다. 불신자나 악인들이 자랑으로 여기며 일상적으로 행하는 악행들을(신성의 영광 훼손, 미신적 행위, 우상숭배 등) 하지 말아야 합니다.

> **참조**

혼합주의: 원리상 도저히 양립할 수 없는 것들의 억지 혼합(syncretism is the attempted blending of irreconcilable principles)을 뜻합니다. 하나님과 거짓 신들을 조화시키려는 시도가 바로 종교적 혼합주의입니다. 형제우애단(the Order of Free Masons = Masonic Lodge) 같은 비밀 단체가 대표적인 예입니다. 그들은 모든 종교인(그리스도인, 유대교도, 회교도)들이 형태는 다르나 같은 신을 예배하는 것이라고 주장합니다. 혼합주의느 모든 신이 동일하다는 원리에서 출발합니다. 정치적 혼합기도회나 대통령 취임식, 교황 장례식 등에서 목격할 수 있습니다.

생각거리

세계교회협의회(WCC)와 무종파(non-sectarian) 개념.

제49문답

제2계명의 내용

문. 제2계명은 어떤 내용입니까?

답. 제2는 "너를 위하여 새긴 우상을 만들지 말고, 또 위로 하늘에 있는 것이나, 아래로 땅에 있는 것이나, 땅 아래 물속에 있는 것의 어떤 형상도 만들지 말며, 그것들에게 절하지 말며, 그것들을 섬기지 말라. 나 네 하나님 여호와는 질투하는 하나님인즉, 나를 미워하는 자의 죄를 갚되, 아버지로부터 아들에게로 삼 사 대까지 이르게 하거니와, 나를 사랑하고 내 계명을 지키는 자에게는, 천 대까지 은혜를 베푸느니라"입니다.[A]

Q. Which is the second commandment?

A. The second commandment is, Thou shalt not make unto thee any graven image, or any likeness of anything that is in heaven above, or that is in the earth beneath, or that is in the water under the earth: thou shalt not bow down thyself to them, nor serve them: for I the Lord thy God am a jealous God, visiting the iniquity of the fathers upon the children unto the third and fourth generation of them that hate me; and showing mercy unto thousands of them that love me, and keep my commandments.[A]

제50문답

제2계명이 명하는 의무

문. 둘째 계명에서는 무엇을 요구하십니까?

답. 하나님을 섬기는 모든 예배와 규례들을 그의 말씀 가운데 정하신 바[B] 그대로, 왜곡됨이 없이 그리고 고스란히 받아들여, 준수하며,[A] 유지할 것을 요구하십니다.

Q. What is required in the second commandment?

A. The second commandment requireth the receiving, observing,[A] and keeping pure and entire, all such religious worship and ordinances as God hath appointed in his word.[B]

A 출 20:4-6. B 신 32:46; 마 28:20; 행 2:42.

제51문답

제2계명이 금하는 죄목

문. 제2계명에서 하지 말라고 말리는 것은 무엇입니까?

답. 하나님을 예배할 때 형상들을 사용하거나,ᴬ 말씀으로 지정해주시지 않은 다른 방법에 의한,ᴮ 모든 예배드림을 금하십니다.

Q. What is forbidden in the second commandment?

A. The second commandment forbiddeth the worshipping of God by images,ᴬ or any other way not appointed in his word.ᴮ

A 신 4:15-19; 출 32:5, 8.
B 신 12:31, 32("내가 너희에게 명하는 이 모든 말을 너희는 지켜 행하고 그것에 가감하지 말지니라").

제52문답

제2계명에 보충설명을 단 이유

문.　제2계명에 보충설명을 단 이유가 무엇입니까?

답.　제2계명에 보충설명을 단 이유는 하나님께서 우리의 주재자(主宰者) 되심,[A] 우리 마음속에 내주하시는 충정(忠正)하신 임자(主) 되심,[B] 그리고 예배를 홀로 독점하시려는 강한 열심을 확인시키기 위함입니다.[C]

Q.　What are the reasons annexed to the second commandment?

A.　The reasons annexed to the second commandment are, God's sovereignty over us,[A] his propriety in us,[B] and the zeal he hath to his own worship.[C]

[제2계명 요약]

내용: 우상을 만들어, 섬기지 말라
요구: [예배와 규례] 일러준 대로(받아, 준수, 유지) 하라!
금지: [형상을 사용한 예배] + [사람이 고안한 방식의 예배]
보충설명: [우리 위에 군림(君臨) 하시는 주재(主宰)권] + [우리 안에 계신 주
　　　　　(主)로서의 충정(忠正)] + [예배 독점을 향한 열심]

A 시 95:2, 3, 6. B 시 45:11. C 출 34:13, 14.

해 설

　무한 완전하신 영이시므로 전혀 볼 수 없는 하나님을, 우리의 변변치 못한 감각적 인지력(認知力, sense perception)에 예속시키지(형상으로 시각화) 말라는 것입니다. 일단 시각화하면 그 형상을 음란하게 섬겨 하나님을 떠나게 되는 우리의 어리석음을 잘 아시기 때문에 명하시는 계명입니다.

[제50문답]
　하나님을 예배하는 규례들(예배 요소[要素])에서 1) 그의 말씀 가운데 정해진 바 그대로(성경봉독, 설교, 기도, 시편 찬송, 성례 집행 등), 2) 왜곡됨이 없이(pure, 순수하게), 3) 고스란히(entire)는 아래 세 개의 동명사에(받기, 준행, 유지) 다 연관됩니다. 받아(성경 해석상) 준행되며 계속 유지되게 하라는 것입니다. 순수하게(pure)는 또 "감각적 지각(경험 등)에 의하지 않고"를 의미합니다. 고스란히(entire)는 "더하거나 빼거나 하지 않은, 전부 갖춘 채"를 뜻합니다. 정하신 바 2) 그대로, 왜곡됨이 없이 그리고 고스란히 받아들여, 준수하며, 1) 유지할 것을 요구하십니다.

[제51문답]
　말씀에 "하라"고 정해주신 것 외에는 모두 다 금하신 것입니다. 금하지도 요구하지도 않은 것은 허용된 것이라는 판단은 크게 잘못된 것입니다. 사람이 꾸며낸 하나님을 가시화한 형상들은 모두 하나님의 본성과 정확하게 배치되기 때문입니다. 인간의 수단으로 표현된 형편이나 모습은 이미 그것의 진상(眞相, 참 모습)이 아니기 때문입니다.

[제52문답]

보충설명의 경고에서는, 인간에게 아주 보편적인 "질투"라는 성품을 하나님께 돌리므로 그의 질투가 진노하심으로 나타날 때 그 후 폭풍의 엄청남을 말씀하십니다(인간의 경우와 달리, 마 10:28). 하나님의 질투는 우리를 향한 거룩한 사랑 때문에 경쟁자들에게 나타나는 진노하심입니다. 하나님께서는 우리와 혼인하여 신부로 맞이한 신랑의 처지에서, 진실하고 성실한 남편의 모든 의무를 다하는 대신에, 불타는 질투심으로, 우리에게서 일편단심의 사랑과 정절을 요구합니다. 1) 가장(통치권)으로서의 남편-왕과 왕후 관계, 2) 신부의 임자(소유주)로서 충정(忠正, 충실하고 올바름)한 남편, 3) 경쟁자는 물론 경쟁 자체를 참고 용납할 수 없는 거룩한 독점 심을 품은 남편의 입장에서 혼인의 순결을 요구하시는 것입니다 (시 45:10).

죄벌(또는 죄형[罪刑] 계대율[繼代律]): 부모가 범한 죄에 대한 형벌이 대(3, 4대)를 이어 후손에게 미침; 연좌제(출 34:7; 민 14:18)에 대한 시비는 칼빈, 『기독교 강요』 2권 8장 20 또는 박윤선, 에스겔 18:20 주석을 참조하시오.

참조

로마교회와 루터교회는 제2계명을 제1계명의 일부로 취급해서 제2계명을 없애버림.

생각거리

주님의 형상이나 그림을 주일학교에서 단지 효과적 교육 목적으로 사용하는 것은 합당한 일인지 토론해봅시다

제19과

제3계명

제53문답

제3계명의 내용

문. 제3계명은 어떤 내용입니까?

답. 제3은, "너는 네 하나님 여호와의 이름을 망령되게 부르지 말라. 여호와는 그의 이름을 망령되게 부르는 자를 죄 없다 하지 아니하리라"입니다.^A

Q. Which is the third commandment?

A. The third commandment is, Thou shalt not take the name of the Lord thy God in vain: for the Lord will not hold him guiltless that taketh his name in vain.^A

A 출 20:7; 신 5:11

제54문답

제3계명이 명하는 의무

문. 제3계명에서 명하시는 의무들은 어떤 것들 입니까?

답. 제3계명에서는 하나님의 이름들, 칭호들,ᴬ 속성들,ᴮ 규례들,ᶜ 말씀,ᴰ 및 행하신 일들ᴱ을 거룩하게 그리고 존경하는 마음으로 사용하라는 것입니다.

Q. What is required in the third commandment?

A. The third commandment requireth the holy and reverent use of God's names, titles,ᴬ attributes,ᴮ ordinances,ᶜ Word,ᴰ and works.ᴱ

A 신 10:20; 시 29:2; 시 68:4. B 계 15:4. C 말 1:11, 14; 고전 11:27, 28.
D 시 138:1, 2; 계 22:18, 19. E 욥 36:24; 시 107:21, 22; 계 4:11.

제55문답

제3계명이 금하는 죄목

문. 제3계명이 금하는 죄목들에는 어떤 것들이 있습니까?

답. 제3계명이 금하는 것은 하나님께서 자신을 나타내 알리시는 데 쓰시는 것 모두를 욕되게 하거나 함부로 다루는 일입니다.[A]

Q. What is forbidden in the third commandment?

A. The third commandment forbiddeth all profaning or abusing of anything whereby God maketh himself known.[A]

[A] 레 19:12; 말 1:6, 7; 약 5:12.

제56문답

제3계명에 보충설명을 단 이유

문. 제3계명에 이런 보충설명을 단 이유가 무엇일까요?

답. 이 계명을 범하는 자는 비록 사람의 형벌을 면할 수 있을지 몰라도, 주 우리 하나님께서는 그들이 주님의 의로운 심판을 피하도록 가만히 보고만 계시지는 않을 것임을 경고하기 위함입니다.[A]

Q. What is the reason annexed to the third commandment?

A. The reason annexed to the third commandment is, That however the breakers of this commandment may escape punishment from men, yet the Lord our God will not suffer them to escape his righteous judgment.[A]

[제3계명 요약]

내용: 하나님의 이름을 함부로 들먹이지 말라.
요구: 자신을 알리시는 수단들(이름, 칭호, 속성, 규례, 말씀, 행사); 구별하여 경외롭게 사용.
금지: 자기 계시 수단들을 욕되게 하거나 함부로 다루지 말라.
보충설명: 신성모독 죄는 하나님과의 수직적 관계를 파괴하는 심각한 죄목으로 반드시 정죄 받음.

A 신 28:58, 59; 삼상 2:12, 17, 22, 29.

해 설

어떤 존재의 이름은 그것을 존재케 한 원인자가 그것의 특성과 자기의 뜻(존재 목적과 그것을 향한 소망)을 담도록, 자기의 지혜를 총동원하여, 명명(命名)합니다. "여호와"는 최고의, 제일 원인자이시므로 누구에 의해서 존재케 되신 분이 아닌 고로 '스스로 존재하는 자'가 그 이름입니다. "여호와"란 우리 하나님(관계성을 가리키는 칭호; 사회적으로 불리는 이름)의 속성, 규례, 말씀, 행사 같은 (제54문답) 자기를 드러내어 알리시는 자기계시의 모든 방편들을 대표하여 불리는 이름입니다.

"하나님의 이름을 부른다(to take God's name)"는 말은 (문자적으로는) "이름을 취한다"는 뜻이니 '들먹인다'는 의미입니다. 걸핏하면 아무데서나 하나님의 이름을 들고 나오는 것, 망령되게 부르는 경우에 해당될 수도 있습니다.

"망령되게(in vain)"는 "함부로, 생각 없이(carelessly, without thought)"라는 뜻이며, 히브리 말의 원래 뜻은 '악하다, 썩는다, 파멸되다. 폐허가 되다, 거짓되고 헛되다'인데 제구실을 못하는 경우나 정상상태에서 벗어난 경우를 일컫습니다. 우리 정서로 "망령되이"는 주책없이, 제정신이 아닌 상태를 말합니다. 노망났다는 표현이 제격입니다. 하나님의 이름이 귀하고 거룩하지 않은 듯이 사용되면 망령된 것입니다.

[제55문답]

욕되게 한다 함은 속되게 하는 것이요 이것은 다시 발칙하게도 하나님의 이름을 크게 훼손함을 말합니다. 찬송 가사와 곡을 장난으로 고쳐서 부른다든지, 자기의 타락한 마음대로 고쳐서 부르는 것이 여기에 속합니다. 또 '예수는 죽었다가 살아났다더라'라고 남의 얘기처럼 하면 하나님의 행적(하신 일)을 속되게 하는 것입니다.

[제56문답]

제3계명에서는 참 예배에 합당한 내적 자세(태도)를 요구하십니다. 곧 제1, 2계명과는 달리 예배시의 속내를 단속하는 것이므로 겉보기로는 준수여부를 분별하기가 매우 어렵습니다. 열 길 물속은 알아도 한 길 사람 속은 헤아릴 수 없다는 우리 속담처럼 말입니다. 따라서 아무도 제3계명에서 온전할 수가 없는 것입니다. 그러나 중심을 보시는 하나님께서는 이 계명 범하는 자를 한사코 죄로 엄하게 다루시므로 본 계명을 범한 자는 사람의 벌을 피할 수 있을지 모르나 하나님의 심판은 피할 수 없다는 것입니다. 그리고 하나님의 이름을 망령되게 부르는 죄는 주로 말로 짓는 죄인데, 사람들은 겉으로 나타나거나 행위로 드러나는 것만을 문제 삼고, 말로써 짓는 죄에 대해서는 별로 죄로 여기지 않는 경향이 있습니다. 여기서 말이란 음성으로 나오는 언급뿐만 아니라, 사상, 마음, 생각 등 실제로 말과 행위를 지배하는 모든 정신적 내용을 말합니다(마 12:34-37; 말 2:17). 그러나 하나님께서는 말로 죄지은 것을 죄 없다고 하시지 않겠다는 것입니다. 심판을 피할 수 없게 하신다 함은 이 계명을 범하고 아무렇지 않게 생각하지 말라는 것입니다.

"하나님의 모든 율법은 죄형법정주의(罪刑法定主義)를 훨씬 넘어섭니다."

참조 제3계명을 범하게 되는 경우의 보기들

• 영어권에서의 욕은 대부분 하나님이나 예수님의 이름을 망령되이

부르는 것으로 되어 있습니다(서양 교회에서의 형식주의 창궐은 이 제3계명을 범한 죄벌일 수도 있음, 신 28:58 참조).

• 착실하게 예배에 참석하여 속으로 딴 생각하고 있는 것, 무심코 하나님의 이름으로 맹세하는 것도 이에 해당합니다.

• 형식주의(formalism)는 이사야 선지자에 의해서 정죄되었으며(사 29:13, 14), 경건의 모양은 있으나 경건의 능력은 부인하는 자들이 여기 해당합니다(딤후 3:5).

• 전통주의(traditionalism)는 바로 서기관과 바리새인들이 범한 죄목을 가리킵니다. 그들은 사람의 계명으로 교훈을 삼아 하나님의 말씀을 폐하는 자들입니다(막 7:11-13, 고르반).

참조

현대주의(modernism): 현대주의란 기독교 신앙의 거짓 이론을 말합니다. 그들은 역사적 기독교 신앙의 술어들을(부활, 주 같은) 말하나 그 뜻을 완전히 바꾸어 버렸습니다. (Modernism is that name we give to a false version of Christian faith. It is that version which takes the words of the historic Christian faith and takes the meaning of these words [resurrection, Lord, for example] entirely.)

제20과

제4계명

제57문답

제4계명의 내용

문. 제4계명은 어떤 내용입니까?

답. 제4는 "안식일을 기억하여 거룩히 지키라. 엿새 동안은 힘써 네 모든 일을 행할 것이나, 제칠 일은 너희 하나님 여호와의 안식일인즉, 너나 네 아들이나, 네 딸이나, 네 남종이나, 네 여종이나, 네 육축이나 네 문안에 머무는 객이라도 아무 일도 하지 말라. 이는 엿새 동안에 나 여호와가 하늘과 땅과 바다와 그 가운데 모든 것을 만들고 일곱째 날에 쉬었음이라. 그러므로 나 여호와가 안식일을 복되게 하여, 그 날을 거룩하게 하였느니라"입니다.ᴬ

Q. Which is the fourth commandment?

A. The fourth commandment is, Remember the sabbath-day, to keep it holy. Six days shalt thou labor, and do all thy work: but the seventh day is the Sabbath of the

Lord thy God: in it thou shall not do any work, thou, nor thy son, nor thy daughter, thy man-servant, nor thy maid-servant, nor thy cattle, nor thy stranger that is within thy gates: for in six days the Lord made heaven and earth, the sea, and all that in them is, and rested on the seventh day: wherefore the Lord blessed the sabbath-day, and hollowed it.ᴬ

A 출 20:8-11.

제58문답

제4계명이 명하는 의무

문. 제4계명에서 요구하시는 의무는 무엇입니까?

답. 하나님께서 친히 그의 말씀으로 지정하신 일정 기간 동안, 꼬집어 말해서, 칠일 가운데(매주간) 꼬박 하루는 하나님께 구별하여 거룩한 안식일로 지킬 것을 요구하십니다.[A]

Q. What is required in the fourth commandment?

A. The fourth commandment requireth the keeping holy to God such set times as he hath appointed in his word; expressly one whole day in seven, to be a holy sabbath to himself.[A]

A 신 5:12-15.

제59문답

칠일 중 어느 한 날

문. 하나님께서 칠일 중 어느 날을 매주의 안식일로 지정하셨습니까?

답. 하나님께서 세상의 시작에서부터 그리스도의 부활까지는 일곱째 날을 매주간 안식일로 정하셨고, 그 후로부터 세상 끝날까지는 매주 첫째 날을 안식일로 삼아 기독교 안식일이 되게 하셨습니다.ᴬ

Q. Which day of the seven hath God appointed to be the weekly sabbath?

A. From the beginning of the world to the resurrection of Christ, God appointed the seventh day of the week to be the weekly sabbath; and the first day of the week ever since, to continue to the end of the world, which is the Christian sabbath.ᴬ

A 창 2:2, 3; 고전 16:1, 2; 행 20:7.

제60문답

안식일 성수(聖守)

문. 안식일을 거룩하게 지키려면 그날을 어떻게 지내야 합니까?

답. 안식일에는, 항상 하는 생업 근무나 일상적인 세속 업무와 오락들도 아니 하고,[B] 온종일 거룩하게 휴식하되,[A] 하나님께 공적 또는 사적으로 예배드리는 가운데 그 모든 시간을 보낼 것이며,[C] 다만 불가피한 일과 자비를 행하는 일은 해야 할 것입니다.[D]

Q. How is the sabbath to be sanctified?

A. The Sabbath is to be sanctified by a holy resting all that day,[A] even from such worldly employments and recreations as are lawful on other days;[B] and spending the whole time in the publick and private exercises of God's worship,[C] except so much as is to be taken up in the works of necessity and mercy.[D]

A 출 20:8, 10; 출 16:25-28. B 느 13:15-22. C 눅 4:16; 행 20:7; 시92[표제]; 사 66:23. D 마 12:1-31.

제61문답

제4계명이 금하는 죄목

문.	제4계명이 금하는 죄행들은 무엇입니까?

답.	요구하신 의무를[A] 수행함에 있어서 빠뜨리는 일이나 경솔함을 금합니다. 그리고 나태에 의한다거나,[B] 그 자체로서 사악한 죄행을 범한다거나,[C] 그 직업상의 업무나 세상재미에 대한 부질없는 생각, 사사로운 한담, 거의 중독된 취미 활동 따위를 함으로써 그 날을 더럽히지 말라는 것입니다.[D]

Q.	What is forbidden in the fourth commandment?

A.	The fourth commandment forbiddeth the omission or careless performance of the duties required,[A] and the profaning the day by idleness,[B] or doing that which is in itself sinful,[C] or by unnecessary thoughts, words, or works, about our worldly employments or recreations.[D]

A 겔 22:26; 암 8:5; 말 1:13. B 행 20:7, 9. C 겔 23:38. D 렘 17:24-26; 사 58:13.

제62문답

제4계명에 보충설명을 단 이유

문. 제4계명에 보충설명을 단 이유가 무엇이겠습니까?

답. 하나님께서, 인간들에게 그들의 생업을 위하여 주중의 엿새를 허락한 사실,^A 친히 보이신 모범, 안식일을 복되게 하신 사실 등을 통하여 제7일에 대한 연고자(緣故者)로서 소유권 주장의 정당함을 납득시키시려는 것입니다.^B

Q. What are the reasons annexed to the fourth commandment?

A. The reasons annexed to the fourth commandment are, God's allowing us six days of the week for our own employments,^A his challenging a special propriety in the seventh, his own example, and his blessing the sabbath-day.^B

안식일에 관한 제4계명

요구: 이레 중(한 주간마다) 하루는 안식일로 지키라 – 시간의 칠일조(1/7)
날짜: 1) 매주의 일곱째 날(시작 – 주님의 부활까지)
　　　 2) 매주의 첫째 날(부활 – 끝날까지)
방법: 온종일 세상 업무와 오락 안 함, 단 부득이한 일, 자비는 예외
금지: 요구되는 의무에 태만, 불성실, 사악한 죄행, 안식일의 세속화
보충설명: 안식일의 내력을 통하여 제7일에 대한 연고권의 정당함을 환기시킴

A 출 20:9. B 출 20:11.

해 설

1. 일주 칠일(6+1 = 7)의 시원(始原): 창조 규례(creation ordinance)

안식일 계명은 시대와 나라들을 초월하는(for all men in all ages) 영속(永續)되는 상존(常存) 법입니다(십계명 = 도덕법이므로 당연히). 이는 그 시원이 하나님의 천지 창조 사역에 근거하기 때문입니다.

1) 안식(샤바트)

창세기 2:2("하나님이 그가 하시던 일을 일곱째 날에 마치시니 그가 하시던 모든 일을 그치고 일곱째 날에 안식하시니라")에서 안식은 "쉬다(rest; nuach)"는 의미가 아니라 "그치다, 마치다"(cease, NIV 난외주)의 뜻이니, 힘들게 일하고 휴식하는 '쉼'이 아니라, 창조하는 일에서 손을 뗀다는 말입니다. 곧 1) 이미 6일 동안에 마치신 창조물들이 완벽하여(하자 없음) 더 이상 손볼 데가 없으며, 2) 일곱째 날에는 그 이상 창조거리가 없어 창조하시는 일을 그쳤다는 뜻입니다. 따라서 안식일 준수(일상적 일 멈춤)는 하나님과 이스라엘 사이에 대대의 영원한 언약이며 그 표호(sign, 오트, 표징, 신호, 증거, 이적)라고 합니다(출 31:12-17). 표호란 그것에 의해 다른 무엇이 알려지는(표시, 표명되는, 메시지를 갖는) 기호입니다. 언어 방면에서는 상징이라고 합니다. 물고기(익튀스) 표시는 기독교 신도를 가리키는 상징입니다. 상징이란 어떤 것이 그 자체 이외의 다른 것을 의미하는 것을 가리킵니다. 까치 소리가 반가운 소식을 예고하는 상징이듯이 상징은 미래를 예견하거나 예표하는 예언적 기능도 가집니다.

2) "하나님 홀로 천지를 완벽하게 창조하신 창조주"시라는 신앙고백의 메시지를 담은 안식일을 범하면 이 안식일의 상징성을 거부하는 것이니,

곧 하나님이 창조주이심을 부인하는 것입니다.

3) 안식일 계명에는 또 출애굽 사건과 관계된 '구원'의 메시지가 있습니다(신 5:12-15). 안식일에는 아무 일도 하지 말아서 거룩하게 지키라 명하시는 이유가 하나님의 큰 능력으로 애굽에서 구원해 냈기 때문이라고 합니다. 곧 안식일의 의미를 종 된 상태에서 해방해내는 역사적 구원 사역으로 메시지화 해냅니다. 이 두 사역에서의 공통분모는 창조도, 구원도 하나님(예수님) 혼자서 완벽하게 해내셨다는 것이요, 우리들은 거저 손 놓고 안식하는 것이 하나님 하시는 일을 도와주는(!) 것이라는 메시지입니다. 창조와 구원에 관한 한 우리가 땀 흘려가며 애쓸 일은 없습니다(겔 44:17, 18). 따라서 안식일은 쉬는(고된 노동에서) 날의 개념이 아니라 "보시기에 좋았더라"에 이은 만족과 기쁨의 복된 날(일종의 축제일) 개념으로 이해되어야 하며 또 실제로 그런 것입니다.

[제58문]

요구: "엿새 동안 열심히 일하고 일곱째 날에는 하루 종일 일하지 말라"라고 요구하십니다. 즉 적극적으로 주어진 것을 기뻐하고 즐겨라 하는 것이니 창조주, 구원주를 예배하라는 말입니다. 이 요구는 한 주간의 몇 번째 날이어야 하는가의 순서 문제가 아니라 시간상의 비율 문제입니다. 하나님을 예배하는 빈도(얼마나 자주) 즉 시간적 비율(proportion, 한 달에 하루면 1/30; 일 년에 하루면 1/365처럼)로 일주일에 하루(1/7)라고 정해주시고 그 하루를 무엇을 하며 지내야 할 것인가를 명하신 것입니다. 계명에서 요구하는 것은 매 주에 하루를 지키라는 것뿐으로 '마지막 날 아니면 첫째 날', 곧 몇 번째 날이라고 그 순번을 정해주신 것은 아닙니다. 즉 6+① = ①+6 = 1+1+1+①+1+1+1 = 7에서 어느 ①을 골라도 주

당 비율은 1/7 (=0.143)이 되어 계명의 요구를 만족시킵니다.

하나님 백성의 정체성 확인 의무 (공적, 사적, 개인적[은밀하게])
(1) 경건의 의무: 예배, 말씀 묵상, 기도, 시편 노래, 자신 살핌, 교리 배움. 거룩한 논의.
(2) 자비의 의무: ① 영혼과 관련하여; 무지한 자 가르쳐 깨우침, 오류자 교정, 교훈, 죄인 책망, 연약한 자 위로하고 세워줌. ② 육체와 관련하여; 병들거나 부자유자 방문, 빈자 필요 채우며, 위기에 빠진 자 도움.

[제59문답]
그리스도의 부활을 기준으로, 전에는 일곱째 날에서, 후에는 첫째 날로, 즉 토요일에서 일요일(주일)로 바뀌었습니다. 이는 사람이 타락하므로 구원(재창조)의 필요성이 생겨 일곱째 날에도 쉴 틈이 없이 일거리가 생겼기 때문입니다(요 5:17). 그리스도께서 오셔서 완수하시므로 일곱째 날에야 그치게 됩니다. 그래서 안식일은 하루 뒤로 밀려 여덟째 날(안식 후 첫날)이 되고, 일주일은 칠일이므로(창조법령으로 확정) 새로 시작하는 (다음주) 일요일이 됩니다(행 20:7).

창조사역에서는 한 주기가 6일; 예수님의 속량 사역을 예표하는 제사장의 하는 일은 그 한 단위가 모두 7일(레 13-15장; 24:8)로 6+1에서 7+1임을 암시합니다. 그래서 제7일 안식일은 하나님의 천지창조는 물론 예수님의 구속(재창조) 사역(주님의 초림 사건)도 완성되었다는(부활하심으로) 표시였습니다. 그가 오셔서 할 일을 다 하시고 가셨습니다. 이제 남은 것은 재림뿐입니다. 주일은 주님이 재림하셔서 하늘과 땅 모든 것을 완성하실 것을 기다리는 날입니다. 그래서 우리는 주일을 8일째, 시작하는 첫날을 안식일로 아니 주의 날로 지킵니다. 그리스도의 부활(초림 미션 완수)을 기점으로 창조로 거슬러 올라가면(AD 주후처럼) 주일은 첫째 날이 됩니다.

> 창조 규례: 6일(창조사역) + 1일(안식일) ; 즉 6 +[1] = 7 (일주간)
> 타락 후:　　[6 + 1] + ⟨1⟩ = 7([창조+안식] + ⟨재창조⟩) + ⟨1⟩ = 7 + 1 = 8
> 　　　　　= 1 + 1 + 1 + 1 + 1 + 1 + ⟨1⟩
> 　　　　　▲ ←――←――←――←――←―― ▼
> 　　　　　= ⟨1⟩ + 6 = 7 (일주간)

[제61문답]

나태: 꾸물거리거나 게으름이니, 정신 못 차리고 조는 것을 가리킵니다(유두고 사건). 이는 그 자체로서 사악한 죄행이며, 앞의 제1, 2, 3계명을 범하는 죄악된 행위입니다.

[제62문답]

최소한 일생 동안의 약 14%에 해당하는 1/7 정도는 자기를 기억하고 거룩한 시간으로 구별하여 예배와 기도와 선행으로 소일할 것을 요구하시는 하나님의 망극하신 배려가 돋보이는 보충설명입니다. 안식일을 '복 주셨다' 함은 성수자가 복 받음을 말합니다(사 58:13, 14).

참조

비율과 순서를 구별 못한 제7안식일교회(골 2:16, 17; 갈 4:10, 11; 롬 14:5.)

제21과
제5계명(제63~66문답)과
제6계명(제67~69문답)

제63문답

제5계명의 내용

문. 제5계명은 어떤 내용입니까?

답. 제5는 "네 부모를 공경하라. 그리하면 너의 하나님 나 여호와가 네게 준 땅에서 네 생명이 길리라"입니다.

Q. Which is the fifth commandment?

A. The fifth commandment is, Honor thy father and thy mother; that thy days may be long upon the land which the Lord thy God giveth thee.

제64문답

제5계명이 명하는 의무

문. 제5계명에서 명하신 의무는 무엇입니까?

답. 제5계명에서 요구하시는 의무는, 사람은 누구나가 인륜상 또는 사회적으로 얽힌 관계 안에서 살아갈 때, 곧 상급자로서,[A] 아랫사람으로,[B] 또는 동료로,[C] 어느 위치에 있든지 각자에게 속한 명예를 지키고 의무를 충실하게 이행하라는 것입니다.

Q. What is required in the fifth commandment?

A. The fifth commandment requireth the preserving the honor, and performing the duties, belonging to every one in their several places and relations, as superiors,[A] inferiors,[B] or equals.[C]

A 엡 5:22; 6:1; 롬13:1. B 엡 6:9. C 롬 12:10.

제65문답

제5계명이 금하는 죄목

문. 제5계명이 금하는 죄목들은 무엇입니까?

답. 제5계명에서 금하는 죄목들에는, 그 주어진 지위와 관계들 안에서 각자에게 속한 명예와 의무를 경시하거나 그것에 대항하는 짓입니다.A

Q. What is forbidden in the fifth commandment?

A. The fifth commandment forbiddeth the neglecting of, or doing any thing against, the honour and duty which belong eth to everyone in their several places and relations.A

A 롬 13:7.

제66문답

제5계명에 보충설명을 단 이유

문. 제5계명에 보충설명을 단 연유가 무엇입니까?

답. 본 계명을 지키는 모든 사람에게 장수와 번영의(이것들이 하나님의 영광과 그들 자신의 유익에 도움이 되는 한에서) 약속ᴬ인 동시에 어기는 자에게는 저주가 암시된 위협입니다.

Q. What is the reason annexed to the fifth commandment?

A. The reason annexed to the fifth commandment, is a promise of long life and prosperity (as far as it shall serve for God's glory and their own good) to all such as keep this commandment.ᴬ

내용: 하나님께서 정하신 위계질서를 교란시키지 말라.
요구: 상하좌우 각자가 처한 위치에서 명예 유지와 의무수행.
금지: 어느 위치에서나 요구사항을 태만히 하거나 거스르는 짓을 하지 말라.
보충설명: 준수자 모두에게 장수와 번영의 약속을 명시하시므로 순종을 장려하심.

A 엡 6:2.

해 설

1. 공경

"공경하다"란 말은 "남을 대할 때에 공손히 섬김, 삼가고 존경함"이니 '경히 여기거나 무시하지 말고 귀하게 여겨 존중하라'는 뜻입니다. 타락한 인간은 남보다 윗자리를 갈망하는 생각이 가득해서 아랫자리에 서는 것을 본성적으로 못마땅해 합니다. 웃어른을 인정하라는 이 계명에 대해 반발하게 되므로 가장 부드러운 관계인 가족 간의 질서를 제시하심으로써 어쩔 수 없이 사랑에 따라오는 복종의 습관(habit of submission)에 길들여짐으로 점차 모든 정당한 종속관계에(to all lawful subjection) 익숙해지도록 만드시는 것입니다. 복종시킴과 순종함 모두의 근거는 동일하기 때문입니다. 즉 부모 또는 어느 기관(교회와 국가)이 행사하는 권세는 하나님께서 주신 것입니다(롬13:1). (All legitimate human authority is God-given. It is there because God has put it there.) 심지어 하나님께서는 높은 지위를 부여하신 자들에게 그 자리의 유지에 필요한 대로 자기의 이름을 나누어 주셨다고 말하기도 합니다(칼빈). '왕', '주', '아버지' 등은 오직 하나님에게만 속한 칭호들인데 땅 위의 높은 자리에 있는 자들에게 나누어 주어, 각 자리에 어울릴 만큼의 영광을 드러내 주신다는 것입니다. 그 실례가 가정에서 부모의 권위, 교회에서 직분 자들(장로와 집사), 직장에서 상사, 국가에서 관원들의 권세입니다.

2. 복종 규칙

하나님이 허락하신 정당한 권세를 존중하고 복종하라 하셨는데, 부모는 윗사람(어르신)들을 대표합니다. 하나님께서는 부모를 통해서, 하나님을 대리한 권세를 행사하게 하심으로, 하나님 자신의 권세와 위엄을 나타내십니다. 곧 낳고 기르고 보호하도록 본능적인 사랑을 주셔서 어쩔 수 없이 부모사랑과 순종에 의한 유익을 익히게 하십니다.

3. 저항 규칙

권세의 남용에는, 비록 그 권세도 하나님이 주신 것이긴 하나, 저항하여야 합니다(행 5:29). (Christians will have to resist the abuse of God-given authority.) 절대적 권세 자는 하나님 한 분뿐이시며, 하나님이 사람들에게 위임한 권세는 모두 그 행사 영역에서 제한 받도록 제정하셨습니다(권세의 한정 원리). (No one has absolute authority except God. He alone is "Lord over all." All authority delegated to man by God is limited to that sphere ordained for it by Him limitation of authority). 이 한계를 넘어 남의 영역을 범할 때 권세의 남용에 해당합니다. 좋은 예가 스코틀랜드의 언약파(Covenanters in Scotland), 마르틴 루터 등입니다.

생각거리

- "주 안에서"(엡 6:1)란 어떤 뜻입니까?
- 믿는 자녀는 불신 부모의 명령에 어떻게 대처해야 합니까?
- 부모가 자기 뜻대로 하는 징계(히 12:9, 10)에 어떻게 대처해야 합니까?

제67문답

제6계명의 내용

문. 제6계명은 어떤 내용입니까?

답. 제6은 "살인하지 말라"입니다.ᴬ

Q. Which is the sixth commandment?

A. The sixth commandment is, Thou shalt not kill.ᴬ

A 출 20:13, 신 5:17.

제68문답

제6계명이 명하는 의무

문. 제6계명에서 요구하는 것은 무엇입니까?

답. 제6계명이 요구하는 것은 우리 자신들의 생명과^A 타인의 생명을^B 보존하려는 적법한 모든 노력을 아끼지 말라는 것입니다.

Q. What is required in the sixth commandment?

A. The sixth commandment requireth all lawful endeavors to preserve our own life,^A and life of others.^B

A 엡 5:28, 29. B 왕상 18:4.

제69문답

제6계명이 금하는 죄목

문. 제6계명에서 금하시는 죄들에는 어떤 것들이 있습니까?

답. 제6계명에서는 우리 자신의 생명이나 이웃의 생명을 부당하게 빼앗거나 해치는 것은 물론 그렇게 될 만한 소지가 있는 것은 무엇이든지 모두 금하십니다.ᴬ

Q. What is forbidden in the sixth commandment?

A. The sixth commandment forbiddeth the taking away of our own life, or the life of our neighbor unjustly, or whatsoever tendeth thereunto.ᴬ

[제6계명 요약]

내용: 하나님의 형상인 사람의 생명을 존중하라
요구: 우리 자신과 남들의 생명을 보전키 위한 합법적 모든 노력
금지: 우리와 이웃의 생명을 부당하게 해하거나 빼앗지 말라(생각으로라도)

A 행 16:28; 창 9:6("다른 사람의 피를 흘리면 그 사람의 피도 흘릴 것이니 이는 하나님이 자기 형상대로 사람을 지었음이니라").

해 설

1. 동해보복법(lex talionis)

"눈은 눈, 이는 이, 손은 손, 발은 발" 등으로 갚으라는 고대 근동의 법입니다(출 21:24, 25; 레 24:20). 여기서 "생명은 생명으로"는 생명/동기에 따라 구별됩니다. 곧 살인은 살생과 구별됩니다. 노아 홍수(심판) 직후 채식만 해오던 인간에게 육식을 허용하시면서 살생(먹이사냥)이 용인 되었습니다(창 9:1-11). 이때의 조건은 살코기에 스며 있는 피를(피째) 먹으면 안 된다는 것이었습니다(4절). 그 이유는 육체(생물)의 생명은 피 속에 있기 때문입니다(레 17:11). 피의 효능과 가치를 이해하고 경험하는 은유적 명제 "생명은 피에 있다"는 죄 중에 있는 자기 백성들을 구원하시는 하나님의 중심 개념입니다. 피(흘림)에 의해 모든 부정한 것이 깨끗해지며 '피 흘림'으로만 죄를 사할 수 있습니다(히 9:22). 그래서 레위기에서, 피는, 먹거리가 아니라, 인간의 속죄를(그래서 생명을 얻게 하는) 위한 제물 용도로 주셨습니다.

2. 생명 존중

그러나 다른 사람의 피를 흘리는 살인은 죽음의 형벌로 금하셨습니다. 노아 세대에 살인을 금하는 명령은 동해 또는 동해보복법(탈리오법)의 형식으로 표현됩니다. 창세기 9:6에는 "다른 사람의 피를 흘리면 그 사람의 피도 흘릴 것"라고 하여 살인자는 반드시 '죽이라'고 합니다.

1) 다른 사람을 살인하지 말아야 할 근거는 그 사람을 하나님이 "자기 형상대로" 지으신 사실에 근거하고 있습니다(창 9:6하). 인간 생명의 여탈

권은 창조주 하나님만의 고유한 주권입니다. 창세전부터 그리스도의 보혈을 통한 속죄의 방침을 정하시고(벧전 1:19, 20) 생축의 피로 보혈을 상징화하여 이 경륜을 가르치시고(구약 시대) 마침내 보혈을 흘려 속죄를 다 이루심으로 교회를 낳으셨습니다

2) '자신의 생명을 보존하려고 노력하라', 혹은 '자신을 죽이지 말라'는 요구, 곧 자살하지 말아야 할 근거는(엡 5:28, 29) 둘이 합하여 하나(몸, 육체, 영)가 된다는 창조원리와 그리스도의 속량사역으로 우리가 다 그리스도의 것이 되었다는 속죄/은혜 언약입니다. 자신의 목숨이라고 해서 자기 마음대로 다루어서는 안 된다는 것입니다. 누구나 사람의 몸은 자기 혼자만의 것이 아니라 아내와 연합한 한 몸이며, 그리스도와 연합하여 그 몸(교회)의 지체이기 때문입니다. 자기 몸 또는 아내를 자기 육체처럼 사랑하며 보호해야(엡 5:28, 29) 할 근거가 되는 원형은 그리스도께서 교회(몸)를 위하여 자신을 주신 희생적 사랑입니다(엡 5:25-27).

[제68문답] 요구

자타(自他) 모든 사람의 안전을 도모하라는 것입니다. 적법한 모든 노력을 기울여 자신과 남의 생명을 보존하기 위해서, 곧 제6계명을 지키기 위해 심지어 남의 생명을 빼앗는 경우가 있는데, 1) 개인의 정당방위(just defense of life; 출 22:2), 2) 공법의 정당한 선고를 따른 사형집행, 3) 합당한 전쟁에서의 적군의 살해, 국토방위 의무에 충실, 정부가 침략을 당했을 때 군사행동을 취하는 것(롬 13:1-7) 등입니다. 이런 조치들이 없을 경우 오히려 제6계명을 범하는 결과가 됩니다(렘 48:10). 참전하여 적을 사살하는 것은 비록 개인적이기는 하나 정당한 이유 없이 살인하는 것이 아니라 정부의 대리자로서 행하는 것입니다. 왜냐하면 약한 자들과

무죄한 자들을 살해됨에서 지키지 않은 것은 이 악행을 허용하고 도와주는 것이 되기 때문입니다. 여기에는 하나님의 징계를 평온한 마음과 즐거운 심령으로 참아 견디며 고기, 술, 약, 수면, 일, 그리고 오락 등을 절제 있게 행함도 포함됩니다.

[제69문답] 금지

직접 물리적 폭력에 의한 신체적 위해(危害)에 관한 것뿐만이 아닙니다. 생명을 빼앗거나 해하는 것, 위협이 되는 모든 것을 금합니다. 간접적으로, 또는 만성적으로 자신과 타인의 생명에 해가 되는 모든 것에서 이 계명이 준행되어야 할 것입니다. 죄악된 분노, 미움, 시기, 복수심. 과도한 격분, 지나친 염려, 격동케 하는 언사, 압박, 싸움질, 구타, 그리고 상해하는 것 등을 금합니다. 운동, 오락방면, 언어폭력 등에 깊이 빠지는 것, 교통법규 위반과 과속, 투우, 그리고 전문적 산악등반 등은 생명을 위태롭게 하는 행위입니다. 평범한 직업일지라도 안전 불감증에 걸려 있을 경우, 특별히 어린이들의 생명을 위협하는 지나친 꾸지람 따위도 해서는 안 됩니다. 이웃에게 악을 행하지 않는 것으로는 부족합니다. 적극적으로 선을 행해야 함을 이 계명은 가르칩니다. 그들의 영혼을 사망에서 구원해야 합니다(약 5:20).

생각거리

- 사형제도 폐지(The argue against capital punishment), 양심상 병역거부, 참전 거부에 대해 어떻게 생각하시나요.

제22과

제7계명(제70~72문답)과
제8계명(제73~75문답)

제70문답

제7계명의 내용

문. 제7계명은 어떤 내용입니까?

답. 제7은 "간음하지 말라"입니다.^A

Q. Which is the seventh commandment?

A. The seventh commandment is, Thou shalt not commit adultery.^A

A 출 20:14.

제71문답

제7계명이 명하는 의무

문. 제7계명에서 요구하시는 의무는 무엇입니까?

답. 제7계명에서는 마음과 말과 행실에서 우리 자신과 이웃의 순결의 절대 보존을 명합니다.A

Q. What is required in the seventh commandment?

A. The seventh commandment requireth the preservation of our own, and our neighbor's chastity, in heart, speech, and behaviour.A

A 고전 7:2, 3, 5, 34, 36; 골 4:6; 벧전 3:2.

제72문답

제7계명이 금하는 죄목

문. 제7계명에서 금하시는 죄들은 무엇입니까?
답. 제7계명이 금하는 것은 모든 정숙하지 않은(부정한) 생각과 말과 행동입니다.A

Q. What is forbidden in the seventh commandment?
A. The seventh commandment forbiddeth all unchaste thoughts, words, and actions.A

[제7계명 요약]

요구: 마음에서, 언어 생활에서 ,그리고 행실에서 자타의 정절(貞節) 보존
금지: 부정(不貞)한 생각, 대화, 행동

해 설

1. 하나님을 닮아 거룩하라는 말입니다(벧전 1:16).
"모든 부정(不貞, 속되어 추잡함)을 멀리하여, 삶의 모든 방면에서 절제를 통한 품위(하나님의 형상)가 정연하게 유지되도록 통제관리 하라"는

A 마 15:19; 5:28; 엡 5:3("음행과 온갖 더러운 것과 탐욕은 너희 중에서 그 이름조차도 부르지 말라 이는 성도에게 마땅한 바니라").

하나님의 명령입니다. 거룩함이란, 정숙함(modesty)이니, 마음의 순결(purity)과 몸의 정절을 합하여 이르는 말입니다. 거룩함은 또한 우리를 향한 하나님의 뜻이기도 합니다(살전 4:3).

2. 최상의 것이 부패하면 최악이 된다(The worst is the corruption of the best).

거룩해지는 것과 관련해서, 이처럼 음란(sexual immorality, 간음[adultery])을 극구 경계함은, 음행(음란, 포르네이아, fornication; 고전 6:13, 18)은 모든 죄악된 정욕들의 수채통(sink)이니 그 더러움의 정도가 최악이기 때문입니다(칼빈은『기독교 강요』2권 제8장, 41에서 "음행은 모든 정욕들의 귀착점"이라고 표현). 성욕과 이의 정당한 만족은, 결혼이라는 가정 이룸을 통해서, 생육하고 번성하는 수단으로, 타락 이전에 아담 부부에게 주신 큰 선물인 동시에 부부가 연합하여 한 몸이 되는(창 2:24) 사랑의 즐거움은 신자가 그리스도와, 궁극적으로는 하나님과의 하나 됨을 원형으로 하는(예표) 최상의 축복이었습니다. 그러나 타락한 인간들은 이 선한 성적 욕구를 불법적으로 만족시키므로(the unlawful satisfaction of the sex urge) 가장 악하고 추한 것으로 만들어 버렸습니다. 혼내(婚內)라 해도 절제 없는 난잡한 성관계는 음란죄입니다.

성경에서, 우리의 믿음의 자라는 것을 막아 하나님을 떠나게 하는 땅의 죄악들의 대부분이 성적인 것임을 경계합니다. 골로새서 3:5에서 우리가 잘라버려야(죽여야) 할 땅의 지체(부패한 성품의 각양 작용), 곧 음란(sexual immorality), 부정(impurity), 사욕(lust), 악한 정욕(evil desires), 탐심(greed) 중 앞의 4 가지를 '음행'으로 여깁니다(박윤선 해당 주석).

3. 이합일화 원리

사도 바울은 제7계명이 요구하는 정절 보존 의무의 근거로 "이합일화"(二合一化; 엡 4:1-6; 엡 5:22-33; 고전 6:12-20) 원리를 제시합니다. "그리스도와 연합한 신자의 '몸'(육체)은 그리스도의 몸(교회)의 지체이며, 신자의 영은 그리스도와 연합하여 한 영이 된(성령의 내주) 것입니다(고전 6:15-17). 따라서 신자가 배우자 이외의 상대와 간통을 할 경우 신자는 그 상대와 '한 몸'이 되어 그 순간부터 그리스도와 '한 영'이 된 영혼과 분리된 삶을 살게 되므로 거기에는 참된 하나 됨과 한 몸이 없게 됩니다. 그래서 성경은 "성령이 하나 되게 하신 것을 힘써 지키라(엡 4:3하)"고 제7계명을 달리 표현한 명령입니다.

우주의 영원한 경륜자(經綸者) 하나님께서 그 의중에 가지고 계신 계획(목적, 뜻, 경륜)은, 때가 차면 하늘과 땅에 있는 모든 것을 그리스도 안에서 그 분을 머리로 하여 통일시키는 것입니다(엡 1:10). 곧 그리스도를 머리로 하는 하나의 몸으로 연합(unite)시킨다는 것입니다. "둘이(현상계에 내재하는 이원론/이분법적 적대, 반목/대립관계, antagonism/hostility, 원수 됨; 엡 2:14) 합하여(연합 또는 통일) 하나로(만유, 몸, 육체, 영)" 됨을 이르는 말입니다. 이 영원한 목적의 지향점을 우리에게 알리시며 가르치시기 위해 절묘한 비유와 유비를 통해 이 비밀을 드러내십니다. 천지통일을 원형으로 하는 모형들은 이스라엘과 이방인의 하나 됨(엡 2:14-16), 그리스도와 교회와의 연합(엡 5:31, 32), 그리스도와 신자의 몸(우리의 몸이 주님의 지체가 됨(고전 6:15), 주님과 우리의 영(한 영, 고전 6:17), 남편과 아내(남녀 간의) 육체적 결합(16절) 등이 있습니다. 이합일화 원리의 핵심 개념은 '몸'입니다. 하나님 나라의 절묘한 비유로 말해지는 우리의 육체적인 몸은 구성과 기능/역할 등 모든 면에서 완전성과 불가분성(inseparability)을 나타내는 1) 신체(whole body = 머리 + 몸체), 2) 머리의 통제를 받는 몸체(몸통, 머리에 있는 감각기관 포함), 3) 몸을 구성하는 신체 기관들(지체들)을 가리켜, 우리의 "몸"을 통해(산 제물로, 롬 12:1) 영광 받으시기를 기뻐하십니다(고전 6:20). 몸은 주님께서 친히 지니신 것이며, 위하는 대상이며, 거하시는 처소이며, 더 영광스러운 피조물의 원료이며, 그 행동으로 주님의 영광이 표현되는 곳입니다.

[제71문답]

제7계명의 의무는, 몸, 마음, 감정, 언어생활(speech), 행위 등에서의 정절을 우리도 지키고 남들도 지키도록 도우며, 눈을 비롯한 모든 감각들에 대해 조심할 것, 절제, 교우관계, 단정한 복장, 결혼, 부부간의 애정, 동거, 음란한 기회를 피함, 유혹을 물리칠 것을 요구합니다.

[제72문답]

제7계명이 금하는 죄는 분명한 것들 외에, 간통, 간음, 강간, 근친상간, 동성연애, 모든 부자연스러운 정욕, 모든 음란한 망상과 생각과 감정, 음탕한 표정, 경박한 행동, 단정치 못한(지나치게 튀거나 섹시한) 옷차림, 합법적 결혼의 금지, 불법적 결혼의 허락, 매음의 허락 묵인 용납, 독신 생활에 얽매이는 서약, 결혼의 부당한 지연, 음란한 노래, 서적, 그림, 춤, 오락 프로(연극, 영화) 관람, 등 자극적인 행동이나 부정한 행위 모두가 포함됩니다.

제73문답

제8계명의 내용

문. 제8계명은 어떤 내용입니까?

답. 제8은 "도둑질하지 말라"ᴬ입니다.

Q. Which is the eighth commandment?

A. The eighth commandment is, Thou shalt not steal.ᴬ

A 출 20:15; 신 5:19.

제74문답

제8계명이 명하는 의무

문. 제8계명에서 요구하시는 의무는 무엇입니까?

답. 제8계명에서는 우리들이 부(富)와 유형 재산을 취득하고 증진함에 있어서 합법적일 것은 물론 다른 사람들의 정당한 사유재산(권)을 인정하라는 것입니다.[A]

Q. What is required inthe eighth commandment?

A. The eighth commandment requireth the lawful procuring and furthering the wealth and outward estate of ourselves and others.[A]

A 창 30:30; 딤전 5:8; 레 25:35; 신 22:1-5; 출 23:4, 5; 창 47:14, 20.

제75문답

제8계명이 금하는 죄목

문. 제8계명에서 금하는 것은 무엇입니까?

답. 제8계명이 금하는 것은 우리와 이웃의 부와 재산의 증진을 부당하게 방해하거나 그러한 소지가 있는 일들은 무엇이든지 하지 말라는 것입니다.ᴬ

Q. What is forbidden in the eighth commandment?

A. The eighth commandment forbiddeth whatsoever doth or may unjustly hinder our own or our neighbor's wealth or outward estate.ᴬ

[제8계명의 요약]

> 도둑질(불의)은 불법적 수단에 의해 소유를 얻는 것(unlawful obtaining of property).
> 요구: 모든 부와 재산 등 합법적 사유 재산권 인정, 유지(합법하게 얻고 증식시키라).
> 금지: 우리나 이웃의 부나 재산의 취득이나 증진의 부당한 방해와 그러할 위험 요소들.

A 잠 21:17; 23:20, 21; 28:19; 엡 4:28.

해 설

1. 합법적 소유권

개인 각자의 소유(부, 재산, 은사)는 우연히 갖게 된 것이 아니라 지고하신 만유의 소유주 하나님께서, 그 주권적 뜻에 따라, 분배해 주신 것이므로 그 자체가 존엄한 것입니다(the sanctity of property). 재산뿐 아니라 재테크 능력도 각 나라와 민족과 개인에게 모두 다르게 허락하셨습니다(창 1:29; 행 17:26; 마 25:19-46).

"합법적" 소유는 두 가지니, 1) 상속에 의한 것(민 36:7-9)과 2) 우리 자신의 노력에 의한 것(시 128:2)입니다. 이 외의 수단은 모두 불법입니다.

2. 도둑질의 몇 가지 다른 모습들

1) 도박(gambling) 및 각종 내기(betting): 그 동기가 수고하지 않고 요행으로 돈을 벌려 하기 때문.

2) 나태(sloth): 고용인의 게으름(잠 18:9), 무사안일주의, 복지부동.

3) 낭비(waste): 고용인이 고용주의 재산을 소홀히 다룰 때, 남의 물건을 자신의 것 다룰 때와 같이 하지 않는 모든 경우 도둑질에 해당함.

4) 사기(fraud): 금융, 토지 사기뿐 아니라 거짓 광고, 과대선전, 폭리, 바가지 요금 등.

5) 노사문제에서 "충실한 노동/정당한 임금"에서 벗어나는 자아 중심적 노력.

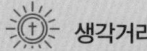 생각거리

은행제도는 제8계명에 저촉됩니까? 설명하시오(레 25:35-38).

제9계명(제76~78문답)과 제10계명(제79~81)문답

제76문답

제9계명의 내용

문. 제9계명은 어떤 내용입니까?
답. 제9는 "네 이웃에 대하여 거짓 증거하지 말라"입니다.ᴬ

Q. Which is the ninth commandment?
A. The ninth commandment is, Thou shalt not bear false witness against thy neighbour.ᴬ

A 출 20:16.

제77문답

제9계명이 명하는 의무

문. 제9계명에서 요구되는 의무는 무엇입니까?

답. 제9계명에서 요구되는 의무사항은 사람과 사람 사이의 진실성(신실성)과^B 우리 자신과 이웃의 명예를^C 유지하고 증진시키되 특별히 증언함에 있어서^D 그러라는 것입니다.

Q. What is required in the ninth commandment?

A. The ninth commandment requiredth the maintaining and promoting of truth between man and man,[A] and of our own and our neighbor's good name,[B] especially in witness-bearing.[C]

A 슥 8:16. B 요삼 12절. C 잠 14:5, 25.

제78문답

제9계명이 금하는 죄목

문.   제9계명에서 금하시는 것은 무엇입니까?

답.   제9계명이 금하는 것은 진실함을 손상시키거나 또는 우리 자신과 이웃의 명예를 훼손하는 것은 무엇이든지 다 금합니다.A

Q.   What is forbidden in the ninth commandment?

A.   The ninth commandment forbiddeth whatsoever is prejudicial to truth, or injurious to our own or our neighbor's good name.A

[제9계명 요약]

근거: 진리(하나님 마음에 일치하는 것 which is in accord with the mind of God)
요구: 인간 관계에서 진실함과 피차간(우리와 이웃) 명예를 유지하며 증진시킬 것
금지: 진리를 왜곡하고 명예를 훼손하는 것이면 무엇이든지 다 금함

해 설

1. 참말하기 가이드라인 (말에 실수가 없는 자) (약3:2)

1) 말이 너무 많으면 거짓과 훼방을 낳고, 말이 적으면 덕을 세우고, 말이 너무 없으면 자타에게 불화와 불쾌를 초래하기 쉽습니다(박윤선, 데

A 삼상 17:28; 레 19:16; 시 15:3.

살로니가전서 주석 4:11).

  2) 진심으로 참이라고 확신하는 것만을 말합니다.

  3) 사실(what really is)만을 말합니다.

  4) 말하기 전에 먼저 행각합니다(잠10:19, "말이 많으면 허물을 면키 어려우나 그 입술을 제어하는 자는 지혜가 있느니라").

  5) 침묵은 어떤 악담 못지않게 나쁠 수도 있습니다. 무엇이 잘못된 것을 알고도 침묵하면, 그 잘못에 동조하는 죄가 됩니다(레 5:1). 그러나 절대 정직을 내 세워 시시콜콜 다 밝힐 필요는 없습니다(불리한 것은 침묵할 수 있으나 거짓으로 말할 권리는 없다[삼상 16:1-5]).

  6) 우리가 기쁘게 해드려야 될 대상은 사람이 아니라 하나님임을 명심해야 합니다. 실로 우리의 언어생활 대부분은 사람을 기쁘게 하기 위한 아첨인데 이는 상대방의 찬성, 동조, 환심과 어떤 이익을 얻기 위해 남을 미혹(잠 29:5; 롬 16:18)하는 범죄일 수도 있습니다.

2. 거짓말을 정당화 하는 잘못된 논거들

  1) 선의의 거짓말(little white lies)

  2) 진실보다 듣기 좋아하는 거짓말(친절과 아첨, 잠 29:5)

  3) 편의상 거짓말(lies of convenience)

  4) 필요상 거짓말(lie of necessity)

  5) 좋은 결과를 위한 거짓말.

생각거리

성경에서 언급하는 아브라함의 거짓말(창 12:13, 19; 20:2, 5, 12.), 산파의 거짓말(출 1:19, 20), 기생 라합의 거짓말 등은 본 계명에 저촉됩니까?

제79문답

제10계명의 내용

문. 제10계명은 어떤 내용입니까?

답. 제10은 "네 이웃의 집을 탐내지 말라, 네 이웃의 아내나 그의 남종이나 그의 여종이나, 그의 소나 그의 나귀나, 무릇 네 이웃의 소유를 탐내지 말라"입니다.A

Q. Which is the tenth commandment?

A. The tenth commandment is, Thou shall not covet thy neighbor's house, thou shalt not covet thy neighbor's wife, nor his man-servant, nor his maid-servant, nor his ox, nor his ass, nor anything that is thy neighbour's.A

A 출 20:17;

제80문답

제10계명이 명하는 의무

문. 제10계명에서는 무엇이 요구됩니까?

답. 제10계명은 우리 자신의 처지에 전적으로 만족하며[A] 우리 이웃과 그의 모든 소유에 대하여 온당히 여기는 관대한 마음가짐을 요구하십니다.[B]

Q. What is required in the tenth commandment?

A. The tenth commandment requireth full contentment with our own condition,[A] with a right and charitable frame of spirit toward our neighbor, and all that is his.[B]

A 히 13:5; 딤전 6:6("그러나 자족하는 마음이 있으면 경건은 큰 이익이 되느니라").
B 욥 31:29; 롬 12:15; 딤전 1:5; 고전 13:4-7.

제81문답

제10계명이 금하는 죄목

문. 제10계명으로 금하시는 죄들은 무엇입니까?

답. 이 계명을 통해서는 우리 자신의 처지를 불만스러워함과,ᴬ 이웃의 좋은 일이나 잘됨을 부러워하거나 배 아파함,ᴮ 그리고 이웃에게 속한 것에 대한 부당한 행동이나 지나친 관심, 애착 등의 표출을 금합니다.ᶜ

Q. What is forbidden in the tenth commandment?

A. The tenth commandment forbiddeth all discontentment with our own estate,ᴬ envying or grieving at the good of our neighbour,ᴮ and all inordinate motions and affections to anything that is his.ᶜ

해 설

1. 제10계명의 특징

다른 아홉 계명에서는 외관으로 드러나는 행동(outward actions)과 속내의 소욕(inward desire), 둘 모두에 관하여 언급하고 있는 데 비해 제10계명에서는 마음의 내적 상태만을 언급함으로 속내의 거룩성 또는 마

A 왕상 21:4; 에 5:13; 고전 10:10. B 갈 5:26; 약 3:14, 16. C 롬 7:7, 8; 13:9; 신 5:21.

음의 정직성을 강조합니다. 율법의 의로는 흠이 없는(빌 3:6) 사도 바울로 하여금 그의 내적 죄성에 눈뜨게 해서 죄와 영적 죽음을 깨닫게 해준 바로 그 문제의 "탐심 = 탐욕(covetousness)"이 등장합니다(롬 7:7)

2. 탐심

1) 무제한의 소유욕, 지나친(inordinate) 욕심이니 남의 것을 과도하게 바라거나 탐내는 것입니다(명예나 재물 같은 세상적인 모든 것들).

2) 마땅히 다른 사람에게 돌려야 할 것을 가로채서 자기 재산을 증식시키려는 욕망을 가리킵니다.

3) 탐심은 악화 요인을 가진 죄목(다른 여러 가지 죄악의 근원이 되는)으로 여겨지는데 이는 드디어는 하나님을 떠나게 하기 때문입니다. 그래서 탐심은 우상숭배인데(골 3:5; 엡 5:5), 그 이유는 우리는 먼저 그의 나라와 그의 의를 구하여 하나님만을 섬길 때 하나님의 뜻이면 물질도 주실 것인데(마 6:33), 이 말씀을 외면하고 물질을 먼저 구하므로 하나님보다 물질을 더 중요시하기 때문입니다. 따라서 이런 죄스러운 소욕(탐심)이 있다면 일단은 모든 계명을 범한 것이 됩니다.

3. 만족의 규칙

탐심은 불만족한 마음에서 싹틉니다. 즉 나 보다 더 많이 가진 것 같이 보이는 다른 사람과 나의 처지를 비교하는 데서 탐심은 고개를 듭니다. 하나님께서 사람마다 다르게 주신 재능과 기회의 한계에 만족하며 하나님이 정하신 우리의 처지를 겸손하고 감사한 마음으로 받아들이고, 있는 바를 족한 것으로 아는 것이 우리에게 당연한 것이니(히 13:5; 갈 5:26; 약 3:14, 16), 곧 하나님으로 만족하고, 하나님이 주신 것으로 만족하는 것입니다. (Full contentment with God and what God has given us.)

제24과

범계犯戒와 죄벌罪罰, 그리고 은혜언약의 조건

제82문답

의인은 없다

문. 하나님의 계명을 완벽하게 지킬 수 있는 사람이 있습니까?

답. 타락 이후 현세에서 사람으로서는 누구나 하나님의 계명을 흠 잡을 데 없이 완전히 지킬 수 없고,ᴬ 오히려 날마다 생각과 말과 행위로ᴮ 계명들을 범하고 있습니다.

Q. Is any man able perfectly to keep the commandments of God?

A. No mere man since the fall is able in this life perfectly to keep the commandments of God,ᴬ but doth daily break them in thought, word, and deed.ᴮ

A 전 7:20("선을 행하고 전혀 죄를 범하지 아니하는 의인은 세상에 없기 때문이로다"); 요일 1:8, 10; 갈 5:17. **B** 창 6:5; 8:21; 롬 3:9-23; 약 3:2-13.

제83문답

죄질의 경중

문. 율법을 범하는 모든 죄가 똑같이 악합니까?

답. 어떤 죄는 그 자체로서, 그리고 몇 가지는 더욱 큰 죄를 유발하는 심화 작용 때문에 다른 죄보다, 하나님 보시기에 그 죄질이 더 흉악합니다.A

Q. Are all transgressions of the law equally heinous?

A. Some sins in themselves, and by reason of several aggravations, are more heinous in the sight of God than others.A

해 설

1. 범죄 자체의 문제

1) 첫째 돌판에 기록된 계명들(제1-4계명)을 어기는 죄는 둘째 돌판의 경우보다 더 가증스러운 죄입니다. 즉 우상숭배는 간음보다, 불경죄는 도둑질보다, 신성모독죄는 악담보다 더 악합니다(삼상 2:25).

2) 복음에 역행하는 죄는 율법을 어기는 죄보다 더 가증스러운 죄입니다(마 11:20-24).

A 겔 8:6, 13, 15; 요일 5:16; 시 78:17, 32, 56.

2. 악화 요소의 유무

어떤 죄는 '악화 유발성'이 있기 때문에 다른 죄보다 더 악하다고 합니다. '악화 요소'란 그 죄를 범하면 그것으로 끝나는 것이 아니라 이어서 더 큰 죄를 불러오게 되는 경우를 말합니다. 탐심이 대표적 예입니다. 탐욕을 품으면 더 나가서 훔치거나 강도 그러다가 살인까지로 가게 됩니다(약 1:15).

1) 또 다른 죄를 짓도록 유발시키는 자극제 역할을 하는 죄목의 첫째는 지도층(통치자, 관리자, 부모, 어르신)이 범하는 죄로 그 아래 달린 자들의 죄(같은 죄목이라 하더라도)보다 훨씬 더 가증스러운 것입니다. 그 죄의 영향이 매우 더 심각하기 때문입니다. 이스라엘로 범죄하게 한 여로보암의 죄가 좋은 보기입니다(왕상 14:16).

2) 하나님의 백성이라고 하는 자가 짓는 죄는 행악자가 짓는 같은 죄보다 더욱 가증함은 그로 하나님의 이름이 더 모독을 당하기 때문입니다(롬 2:23, 24).

3) 범죄하는 장소와 관련해서, 큰 구원과 자비가 나타난 곳, 환히 드러난 공공장소에서 범해진 죄는 어두움의 땅에서, 은밀한 장소에서 행해진 동일 범죄보다 더 악합니다(삼하 16:22).

4) 범죄하는 시기에 따라 안식일에, 고통이나 고난 중에 혹은 그런 직후에, 회개나 언약(서원) 후에 범한 죄는 다른 때에 범한 죄보다 더 가증합니다(아하스, 대하 28:22).

3. 범죄의 태도와 동기의 문제

즐거움과 욕심에 이끌려 짓는 죄는 유감과 소심에서 짓는 죄보다, 교만으로 거드름 피우며 짓는 죄는 수치와 모멸감으로 짓는 죄보다, 반복적으로 장기간 짓는 죄는 단 한 번 또는 드물게 짓는 죄보다 더 가증합니다. 주리고 배고파서 짓는 죄(생계형, 잠 6:30, 31), 재미로 짓는 죄, 악의 없이 부지중에 범하는 '그릇 범하는 죄'와 반항적이고 도전적인 '고의로 행함'(민 15:22-31), 즉 고범죄(시 19:13), 사망에 이르는 죄와 사망에 이르지 아니하는 죄(요일 5:16), 용서받을 수 없는 참람죄(성령 훼방죄, 마 12:31), 큰 죄(요 19:11)와 작은 죄 등은 그 죄질을 구별하는 언급입니다.

제84문답

죄벌은 하나님의 진노와 저주

문. 모든 죄가 받아 마땅한 것은 무엇입니까?

답. 모든 죄마다 받아 마땅한 보응은 이생과 내세 모두에서 하나님의 진노와 저주입니다.A

Q. What doth every sin deserve?

A. Every sin deserveth God's wrath and curse, both in this life, and that which is to come.A

죄에는 마땅히 보응이 따름이니(하나님의 응보적 의) 성경에서 말하는 "심는 대로(질적, 양적) 거둔다"는 원리입니다. 이 원리는 현세와 내세에 모두 적용되는데, 내세에 적용될 그때 심판 주는 예수님이십니다(마 25:31-46).

A 엡 5:6; 갈 3:10; 마 25:41; 애 3:39.

제85문답

언약의 요구

문. 죄 때문에 우리가 받아 마땅한 하나님의 진노와 저주를 모면하도록 하나님께서 우리에게 요구하시는 것은 무엇입니까?

답. 하나님의 진노와 저주를 면하기 위한 하나님의 요구(언약적)는 예수 그리스도를 믿는 믿음과 생명 얻는 회개,^A 그리고 그리스도께서 그가 이룩하신 속량 혜택들을 우리에게 전달하시는 모든 외부적 수단을 열심히 사용할 것, 등입니다.^B

Q. What doth God require of us, that we may escape his wrath and curse due to us for sin?

A. To escape the wrath and curse of God due to us for sin, God requireth of us faith in Jesus Christ, repentance unto life,^A with the diligent use of all the outward means whereby Christ communicateth to us the benefits of redemption.^B

A 행 20:21.

B 잠 2:1-5; 8:33-36; 사 55:3("너희는 귀를 기울이고 내게로 나아와 들으라. 그리하면 너희의 영혼이 살리라. 내가 너희를 위하여 영원한 언약을 맺으리니 곧 다윗에게 허락한 확실한 은혜이니라").

해 설

　우리의 죄 문제는 결국 하나님의 은혜에 매달릴 수밖에 없게 되었으니 "맨 자가 푼다"(결자해지[結者解之])라는 세상의 통념과 얼마나 다릅니까? 바로 하나님의 은혜라는 말입니다. 하나님께서 마련하신 심판(진노와 저주)을 피하는(구원 얻음) 길은 두 가지이니 "내적 은혜(믿음과 회개)"와 "외적 방편"입니다. "외적 방편"(제88문답)이란 그리스도로 말미암아 외부로부터 우리에게 임하는 은혜를 말하는 것이니, 일차적으로 우리 영혼이 사모하여 듣는 지혜의 말씀입니다(잠 2:1-5).

제86문답

믿음

문. 예수 그리스도를 믿는 믿음은 무엇입니까?

답. 예수 그리스도를 믿는 믿음이란, 복음에^B 제시된 그리스도를 우리가 영접하여 그만을 의지하므로 우리로 구원을 받게 하시는, 하나님의 은혜로운 처방입니다.^A

Q. What is faith in Jesus Christ?

A. Faith in Jesus Christ is a saving grace,^A whereby we receive and rest upon him alone for salvation, as he is offered to us in the gospel.^B

해 설

1. 믿음

그리스도를 믿는 믿음은 복음의 사실성을 진리로 아는 고로 이 진리에 대해 확신하고 찬동하여 그 대상을 영접하여 받아들이고 드디어는 모든 삶의 행위에서 그만을 신뢰하여 전적으로 그분께 의지함을 말합니다. 이런 '지, 정, 의'의 요소(배우고 경험하고 행하는)가 신앙의 서정은 아니로되

A 히 10:39.
B 요 1:12; 사 26:3, 4; 빌 3:9; 갈 2:16.

어느 것이 다른 것보다 강조되어서도 안 되며 언제나 조화를 이루어야 합니다. 또한 믿음은 하나님께서 우리를 설득해서 우리가 꼼짝없이(불가항력적) 두 손 들고(항복하여) 구원이라는 울타리 안으로 떠밀려 들어가는 형국으로 묘사할 때 이토록 밀어붙이시는 하나님의 주권적 은혜입니다.

2. 구원하시는 은혜(saving grace)

회개하고 믿는 것이 죄인인 사람의 행위이지만 이 행위자가 회개하고 믿는 것이 구원에 이르게 되는 원인이나 공로가 아님을 강조하는 말입니다. 인간은 전적 부패의 결과로 자기 스스로의 힘으로는 구원은 고사하고 받은 은혜조차 잠시나마 건사할 수 없는 전적으로 무능한 존재입니다. 곧 구원의 처음부터 끝까지 시종일관 삼위일체 하나님의 은혜가 결정적입니다(요15:5, "나를 떠나서는 너희가 아무것도 할 수 없음이라"). 성경은 부르심과 중생(제30-32문답), 회개(행 11:18)도 믿음(엡 2:8)도 모두 다 하나님의 은혜라고 말합니다. 한편 'saving grace'는 일반적인 뜻으로 치명적인 독에 중독된 환자에게 필수적인 해독제 처방에 비유할 수도 있습니다.

제87문답

생명 얻는 회개

문. 생명 얻는 회개란 무엇입니까?

답. 생명 얻는 회개란 죄인이 죄를 떠나 하나님께로 돌이키는 구원의 은혜이니,^A^ 곧 죄인이 진심에서 우러나는 자기 죄감에 찔려,^B^ 그리스도 안에 있는 하나님의 자비를 깨닫는 가운데,^C^ 자기 죄에 대한 슬픔과 혐오감 때문에 그 죄에서 떠나 하나님께로 돌이키며,^D^ 오로지 새로운 순종을 푯대로 삼고 거기에 이르려는 일념으로 온갖 정성을 다하게(힘쓰게) 됩니다.^E^

Q. What is repentance unto life?

A. Repentance unto life is a saving grace,[A] whereby a sinner, out of a true sense of his sin,[B] and apprehension of the mercy of God in Christ,[C] doth, with grief and hatred of his sin, turn from it unto God,[D] with full purpose of, and endeavor after, new obedience.[E]

A 행 11:18. B 행 2:37, 38. C 욜 2:12; 렘3:22. D 렘 31:18, 19; 겔 36:31.
E 고후 7:11; 사 1:16, 17.

해 설

회개란 과거 죄에 대한 인식, 감정, 목적 등 의식생활에서의 변화를 뜻합니다. 사죄 받고 거룩해지는(성화) 유일한 직통 방도로 하나님께서 창시하셔서 내려주신 극진한 은혜입니다(행 3:19). 날마다 범하는 죄 때문에(제82문답) 새로운 순종에 미흡할 때 우리는 경건한 슬픔(godly sorrow), 즉 하나님의 뜻대로 하는 근심을 갖게 됩니다(고후 7:10, 11). 이것은 회개의 감정적 요소입니다.

[제24과(제82~제87문답) 요약]

계명을 완전히 준수하는 자는 없고 날마다 언행사(言行思)로 범계(제82문답)
죄에 따라 그 경중(죄질)이 다를 수 있음(제83문답)
범죄의 응보: 이생과 내세에서 하나님의 진노와 저주(제84문답)
구원 요건: 내적 반응(믿음/회개) + 외적 수단의 꾸준한 사용(제85문답)
믿음: 그리스도를 영접하고 그만을 의지함(rest upon him alone)(제86문답)
회개: 자기의 처지와 죄, 하나님의 자비에 관한 지식(intellect)(제87문답)

죄를 슬퍼하고 혐오하는 감정(emotion) - 하나님의 뜻대로 하는 근심
죄로부터 하나님께로 돌이키는(목적의 변화) 결단(volition)

참조

1) 완전주의(perfectionism): 그리스도인이 이생에서 완전하여지므로 더 이상 죄를 짓지 않는 경지에 이를 수 있다는 주장(로마 가톨릭의 성자 개념).

2) 도덕률 폐기론(antinomianism): 생활규칙으로서의 도덕법이 그리스도인들에게 더 이상 구속력을 갖고 있지 않다는 주장(이신칭의 교리를 잘못 이해함으로 생김).

제25과

속량 혜택을 전달하는 수단:
말씀

제88문답

속량 혜택을 전달하는 외적 수단

문. 그리스도께서 우리에게 속량의 유익을 전달하시는 외적 수단은?

답. 그리스도께서 속량의 혜택을 우리에게 전달하는 일상적이고 외면적 수단은 그리스도께서 세우신 여러 규례들, 특히 말씀과 성례와 기도입니다. 이들은 모두 택함 받은 자의 구원에 매우 유효한 필수적인 상호 보완적 혜택 전달 수단입니다.ᴬ

Q. What are the outward means whereby Christ communicateth to us the benefit of redemption?

A. The outward and ordinary means whereby Christ communicateth to us the benefits of redemption, are his ordinances, especially the word, sacraments, and prayer; all which are to be made effectual to the elect for salvation.ᴬ

A 마 28:18-20; 행 2:41, 42, 46, 47.

제89문답

구원의 효과적 수단인 말씀

문. 말씀이 어떻게 구원에 이르는 효과적 수단이 됩니까?

답. 하나님의 성령께서, 말씀을 읽음(봉독 포함), 그보다는 특히 설교나 선포되는 말씀을 들음을, 죄인들을 설복하고 회심시키는 효과적인 수단으로는 물론, 거룩함과 위로 안에서 자라나, 마침내, 믿음을 통하여, 구원에까지 이르게 하는 효과적인 수단으로 삼으심으로써 가능합니다.A

Q. How is the word made effectual to salvation?

A. The Spirit of God maketh the reading, but especially the preaching of the word, an effectual means of convincing and converting sinners, and of building them up in holiness and comfort, through faith, unto salvation.A

A 느 8:8; 고전 14:24, 25; 행 26:18; 시 19:8; 행 20:32; 롬 15:4; 딤후 3:15-17; 롬 10:13-17; 롬 1:16.

제90문답

말씀의 능력을 입으려면

문. 우리가 어떻게 읽고 들어야 말씀이 우리의 구원에 효과적으로 이바지하게 됩니까?

답. 말씀이 구원에 유효하기 위해서는: 지속적으로 꾸준하게,[A] 사모하는(준비된) 마음과,[B] 기도로[C] 말씀에 다가가서; 믿음과 사랑(말씀)으로 말씀을 받아,[D] 우리들 마음에 간직해 두고,[E] 삶의 현장에서 실행해야 합니다.[F]

Q. How is the word to be read and heard, that it may become effectual to salvation?

A. That the word may become effectual to salvation, we must attend thereunto with diligence,[A] preparation,[B] and prayer,[C] receive it with faith and love,[D] lay it up in our hearts,[E] and practice it in our lives.[F]

A 잠 8:34. B 벧전 2:1, 2. C 시 119:18. D 히 4:2; 살후 2:10. E 시 119:11.
F 눅 8:15; 롬 2:13; 약 1:22-25("너희는 도[복음의 진리]를 행하는 자가 되고 듣기만 하여 자신을 속이는 자가 되지 말라").

해 설

> 속량의 유익들을 전달하는 외부적 수단: 주님의 규례들(제88문답)
> A. 말씀(Word): 제89, 90문답
> B. 성례(sacraments): 제91–97문답
> C. 기도(prayer): 제98–107문답
> 말씀을 읽음과 들음을 성령께서 구원의 효과적 수단으로 삼으신 때문(제89문답)
> 말씀의 작용(살전2:13): 읽고 들을 때 죄인(설복하고 + 회심시켜); 거룩함과 위로 가운데서 계속 자라 구원에 이르도록 세워줌
>
> 말씀을 읽고(성경) 듣는(설교, 강의) 규칙(제90문답)
> A. 꾸준함, 사모하는 마음, 기도로 다가가기
> B. 믿음과 사랑으로 받기
> C. 마음에 간직해 두기
> D. 삶의 현장에서 실천하기
> 네 단계가 직렬로 배열됨; 넷 중 하나라도 빠지면 효력이 급감, 특히 D

[제88문답] 속량 유익의 전달

내부적 은혜에 대한 택함 받은 자의 반응은 책임을 수반합니다. 옛 사람과 달라진(변화된) 인격이 겉으로, 몸의 행실로 드러나 은혜 위에 은혜가 더욱 쌓이길 요구합니다. 율법은 우리가 복음을 믿을 것을 요구하고 복음은 생활에서 율법(규례들)의 이룸(완성)을 겨냥한 새로운 순종을 요구합니다. 이를 위해 성령께서 역사하시는 "일상적인(ordinary, 나타난)" 통로는 그리스도께서 친히 지정하신 세 가지(말씀, 성례, 기도) 입니다. 일상적인 방도를 쓸 수 없는 특수한 경우도 있습니다.

[제89문답] 말씀은 가장 중요한 은혜의 수단

"은혜의 수단으로서의 말씀"은 신자의 영적 향상을 도모해 주는 성경

에 담겨있는 내용(율법과 복음 두 부분으로 구성됨)과 또한 교회에 전달되는(preached; 설교로 또는 특강 혹은 교육 내용 등으로) 은혜의 말씀에 한정된 좁은 의미를 가집니다. 따라서 위격적 말씀(제2위, 요 1:1), 만물을 창조하시고 유지하시는 능력의 말씀(시 33:6; 히 1:3), 선지자가 받은 어떤 계시의 말씀(oracle, 엄중한 말씀, 렘 23:33-38) 등은 포함되지 않습니다.

1. 말씀이 수혜자에게 다가가는 매체(제89문답)

1) 말씀을 읽기(reading; 낭독, 봉독, 묵독, 상고 등; 신 17:19)입니다.
2) 전파되는(읽거나, 설교로, 강설로 음성화된) 말씀을 듣는 것(hearing)입니다(사 55:3).

보통 믿음은 읽음에서 보다는 들음에서 생기게 되는데, 이런 사실을 통해서 하나님 홀로 우리 구원의 창시자라는 사실을 분명히 하는 것입니다. 그러나 이중 어느 하나만으로는 안되고 이 둘은 상호보완적입니다(행 8:27-39; 17:11).

2. 구원에 이르게 하는 데에 역사하는 말씀과 성령과의 관계

읽기와 들음이라는 매체를 통해 죄인들에게 다가간 말씀이 하는 일은 죄인을 설득하여 확신시키고 회심시켜 믿음을 갖게 하여, 이를 통해, 거룩함과 환난 중에 받는 위로에서 무럭무럭 자라게 하여 마침내는 구원에 이르게 하는 것입니다. 그러나 이때에 성령님의 작용, 즉 그 효력이 가해지지 않으면 소기의 결실을 이룰 수 없습니다. 즉 말씀 자체만은 신앙과 회심을 일으키기에 효과적인 수단으로 불충분합니다. 반면에 성령께서는 모든 것이 가능하지만, 보통 말씀 없이는 역사하지 않습니다. 곧 성령은 말씀을 그 도구로 사용하셔서 말씀과 함께 일하십니다. 다시 말하면 햇빛처럼 누구에게나 다가가는 말씀은 성령께서 지정해 문을 열어주신 영혼에게만 빛으로, 따스함으로, 행동할 힘으로 들어가 새 사람으로 개조하는 일을 효과적으로 수행합니다. 우리 자신의 뜻이나 열심과는 상관없습니다. 우리는 다 새로운 주인이 옛 주인에게서 뺏어온 전리품에 불과하기 때문입니다.

3. 말씀 공부하는 요령(tips, 비결), 읽음과 들음의 규칙(제90문답)

제90문답에서는 말씀 앞에 다가가서, 말씀을 받아, 마음에 간직해 두고, 생활에서 실행하는 네 단계를 거칠 때 각 단계에서 우리가 지녀야 할 마음의 자세들을 비교적 자세히 다룹니다.

꾸준함이란 하루도 빠짐없이, 날마다; 사모하는 마음 가짐이란 하나님 말씀에 주리고 목말라 하는 간절함을, 깨달음을 소원하는 기도는 말씀을 읽고 들을 때 우리가 지혜와 총명을 받아 하나님 나라의 비밀을 깨달을 수 있도록 성령님의 도우심을 간구함을 말합니다(물론 모든 단계 전부에서 성령님의 가르침이 필수적이지만 말이다; 제89문답 참조). 네 단계(A, B, C, D)가 직렬로 배열된 모양이라 함은 그 중 어느 하나라도 빠뜨리면 소기의 목적에 이르지 못한다는 뜻입니다. 알기 쉽게 예를 들면 서울 강북에서 시작해서 목적지 부산까지 가려면 한강 다리, 금강 다리, 낙동강 다리를 거쳐야 되는 것과 같습니다. 직렬 배치와 대조되는 병렬 연결은 강북에서 성수대교, 영동대교, 아니면 반포대교 중 아무거나 건너 강남에 이르는 것과 같이 세 개 다리가 나란히 놓인 모양을 말합니다. 이런 배열에서는 아무리 여러 다리를 건너도 강북에서 강남을 왔다 갔다 할 뿐이지 목적지 부산에는 도달할 수 없는 것과 같습니다. A, B, C, D 네 다리는 직렬로 줄줄이 연결되어 있어 하나라도 못 지나면 목적지에 도달할 수가 없습니다. 특히 마지막 관문(D: 삶의 현장에서 실천하기)이 제일 지나기 힘든 병목이겠지요? 아마도.

결론적으로 우리가 "말씀을 가까이함"의 이유와 은혜와 목적과 복과 결과는 하나님을 기뻐하며 즐기는 것입니다.

1) 원칙: 신열유시(信悅唯示) 오직 계시만(유시)을 믿고 기꺼이 따름(행함)

2) 목적: 계시본위 사고(啓示本位 思考)의 의식화(습관화) - 읽는 동안에 말씀의 감화를 즐기는 것입니다(성취나 보람보다 과정).

참조 내적 은혜와 외적 수단 간의 관계

1. 로마교: 내부적 은혜와 외부적 방편을 동일시함. 일례로 영세(세례) 받으면 중생한다고 말합니다. 이는 할례 받으면 아브라함의 자손이라고 주장했던 유대인들의 생각과 동일합니다.

2. 구세군: 두 가지는 분리되어 아무 관련이 없다고 봅니다. 거기서는 아예 성례(세례와 성찬)를 집행하지 않는 등 외적 방편을 대수롭지 않게 여깁니다.

생각거리

- 새 생명을 탄생시킴에는 말씀의 지적이며 도덕적 역사만으로 아주 충분하며 성령의 역사는 더할 필요가 없다는 주장(예컨대 펠라기우스파[Pelagians], 합리주의자[Rationalists])을 어떻게 평가할 수 있을까요?

- 성령의 역사만으로 충분하고 말씀은 전혀 필요 없다는 주장(율법폐기론[antinomianism]; 이들의 슬로건 "영은 살리는 것이요 의문은 죽이는 것"[요 6:63]이다)에 대해 뭐라고 답변할 수 있을까요?

- 복음에의 순종을 왜 "새로운 순종"이라 합니까?

- 하나님의 뜻대로 하게 된 근심이 만들어 낸 결과는 무엇들입니까?(고후 7:11)

제26과

속량혜택을 전달하는 수단:
성례

제91문답

성례 안에서 일하시는 삼위 하나님

문. 어떻게 성례가 유효한 구원의 방편이 됩니까?

답. 성례가 구원의 효과적 방편이 되는 것은 성례 자체 안에 있는 어떤 가치나, 집례자의 어떤 덕에 의한 것이 아니라.ᴬ 오직 그리스도의 축복과 그 성례를 믿음으로 받는 자들 안에 계신 성령님의 활동하심에 의하여 되는 것입니다.ᴮ

Q. How do the sacraments become effectual means of salvation?

A. The sacraments become effectual means of salvation, not from any virtue in them, or in him that doth administer them, but only by the blessing of Christ,ᴬ and the working of his Spirit in them that by faith receive them.ᴮ

A 벧전 3:21; 마 3:11; 고전 3:6, 7; 롬 2:28, 29. B 고전 12:13.

제92문답

성례

문. 성례가 무엇입니까?

답. 성례는 그리스도께서 세우신 거룩한 규례인데, 이 예식에서는 그리스도와 새 언약의 혜택들이 오관으로 느껴지는 표호(sign, 표시하는 기호)에 의해서, 신자들에게 표시되고 인쳐져서(날인되어), 구체적으로 적용됩니다.[A]

Q. What is a sacrament?

A. A sacrament is an holy ordinance instituted by Christ; wherein, by sensible signs, Christ, and the benefits of the new covenant, are represented, sealed, and applied to believers.[A]

[A] 창 18:7, 10; 출 12장; 고전 11:23, 26; 마 26:26-28.

제93문답

신약의 성례

문.   신약의 성례에는 어떤 것들이 있습니까?

답.   신약의 성례로는 세례와^A 성찬이^B 있습니다.

Q.   Which are the sacraments of the New Testament?

A.   The sacraments of the New Testament are, Baptism,^A and the Lord's Supper.^B

A 마 28:19. **B** 마 26:26-28.

제94문답

세례

문. 세례가 무엇입니까?

답. 세례는 성부와 성자와 성령의 이름으로^A 물로 씻음으로써, 우리가 그리스도에게 접붙여짐과, 은혜 언약의 유익에 참여함과, 주님의 사람이 되기로 한 우리의 약조 등을 표시하며 보증 날인하는 성례의 하나입니다.^B

Q. What is baptism?

A. Baptism is a sacrament, wherein the washing with water in the name of the Father, and of the Son, and of the Holy Ghost,^A doth signify and seal our ingrafting into Christ, and partaking of the benefits of the covenant of grace, and our engagement to be the Lord's.^B

A 마 28:19. B 롬 6:4; 갈 3:27.

제95문답

세례의 대상

문. 세례는 어떤 사람에게 베풀어야 합니까?

답. 세례는 가시적 교회 밖에 있는 자에게는 베풀지 않으며, 그들이 그리스도를 믿고 그에게 순종할 것을 고백할 때[A] 비로소 베풀게 됩니다. 그러나 가시적 교회 교인들의 자녀 된 유아들에게는, 그런 고백 없이도, 베풀 수 있습니다.[B]

Q. To whom is baptism to be administered?

A. Baptism is not to be administered to any that are out of the visible church, till they profess their faith in Christ, and obedience to him;[A] but the infants of such as are members of the visible church are to be baptized.[B]

A 행 8:36, 37; 2:38.
B 행 2:39("이 약속은 너희와 너희 자녀와 모든 먼데 사람 곧 주 우리 하나님이 얼마든지 부르시는 자들에게 하신 것이라 하고"); 창 17:10; 고전 7:14; 골 2:11, 12("너희가 세례로 그리스도와 함께 장사되고 또 죽은 자들 가운데서 그를 일으키신 하나님의 역사를 믿음으로 말미암아 그 안에서 함께 일으키심을 받았느니라").

해 설

1. 성례

성례는 선택된 택자에게만 알려지고(표시되고) 보증되고 적용되는 비밀스런(mystery, 헬라어 '뮈스테리온'의 라틴어 역 sacramentum) 의식으로 세상 끝날까지 행해집니다.

1) 성례의 두 요소

(1) 외면적이며 유형적인 표호(표시된 기호; The Outward and Visible Sign). 곧 내면적으로 보이지 않게 작용하는 하나님의 은혜를 눈에 보이게끔 유형적 제시가 표호인 것입니다.

(2) 표호에 의해 표시된 내면적 영적 은혜들(The Inward Spiritual Grace Signified): 은혜의 언약(창 17:11), 믿음의 의(롬 4:11), 사죄(마 26:28), 신앙과 회심(막 1:4; 16:16), 그리스도와의 연합(롬 6:3, 4; 골 2:11, 12).

※표호와 표시된 것들의 연결(The Union Between the Sign and the Things Signified)

성례는 일종의 "가시적 설교(visible sermon)"요, "보이는 말씀"이라고 부르는 것처럼 성례에는 하나님의 말씀이 담겨 있습니다. 성령께서 하나님의 말씀을 쓰셔서 우리를 구원하신 것처럼 이 성례를 통해서 우리가 은혜를 받게 됩니다.

2) 인침

"인친다"란 직인 또는 관인으로 "도장 찍는다"는 말로 어떤 내용이 사실로 틀림없음을 증명합니다. 어떤 권위에 의해 인정되고 증명됨을 뜻합니다(성례가 믿는 자가 그리스도로부터 받은 유익과 은혜의 진실성). 동시에 신자들은 성례를 통해 하나님에게 그들의 신앙과 순종을 표현하게 됩니다.

참조 로마교회 7성사: 영세, 미사, 견신(confirmation), 고해(penance), 안수(orders), 결혼(matrimony), 종유(extreme unction)

2. 세례

세례에서, 삼위의 이름으로, 표명되고 확인되는 사항:
[그리스도와 연합]+[은혜언약의 혜택에 참여]+[주님의 소유가 되기로 한 약조]

세례에 대한 구약에서의 예표는 홍수(벧전 3:20, 21), 홍해(고전 10:1이하), 할례(골 2:11 이하; 창 17:1-14) 세 가지입니다

물세례는 회심 자를 따로 떼어내(분리) 자기백성으로 챙기심(은혜언약의 이행)을 표시하는 거룩한 예식입니다.

1) 물과 세례

물은 지구 상 생명체의 생존을 가능케 하는 필수 물질로, 성경에서 언급되는 물의 기능은 파괴력(심판의 수단)과 부력 두 가지뿐입니다. 부력에 의한 구원(살려내는, 생명 제공) 기능은 파괴력과 함께 죽음과 부활을 상징하는 표호(標號) 입니다. "물" 하면 연상되는 더러움의 의미와 무관합니다. 일상생활에서도 물의 부력(뜨게 하는 힘)은 여러 고체들이 섞여 있는 혼합물에서 밀도가 다른 것을 분리하는 방법으로 흔히 쓰입니다(일례로, 사금과 모래).

쌀에서 돌을 분리하는 과정에서 물을 계속 흘려주거나 반대로 혼합물을 수중에서 이동시켜(조리질) 효과적으로 분리하는 것을 연상할 수 있습니다.

베드로전서 3:20, 21에서는 "복종하지 아니하던 자"와 "택함 받아 구원 받을 여덟 명"을 따로 떼어내 심판과 구원을 단번에 해버린 역사적 홍수 (물)사건을, 신자를 불신자와 구별하여 인치는 행사인 "세례"와 연결시킵니다. "물"을 매개로 해서 또는 물이 그 부력으로 방주를 띄워(물을 수단으로) 노아 식구들을 구원한 것처럼, 그 표(원형, antitype)인 세례는 지금 너희들도 구원한다(20절)는 것입니다. 노아 당시에는 물(모형)이, 그리고 지금은 세례(원형)가 택자들을 "구원한다"는 말입니다. 세례가 "구원한다" 함은 상징적 표현이며 실제로 구원 작용을 한다는 말이 아닌 것은 바로 이어서 세례의 정의가 언급됨으로(21하) 명백합니다.

(1) 물의 세정 작용에서 유추할 수 있는 "씻음"이나 "빪(빨래)," 묽힘(의학에서 묽힘[씻음]은 최고의 소독임), 등의 기계적 효과(때 제거)에 관련된 잘못된 관념은 극구 부정되어 세례는 '물로 (죄를) 씻는 예식'이 아님을 강조합니다. 만일 세례의식으로 영혼을 깨끗하게 하는 것이라면 세례는 표호나 인침이 아닙니다.

(2) 세례는 선한 양심(중생된 생명) 즉 새 사람의 하나님을 향한 호소 또는 약조(pledge, 간구; 개정개역)라는 것입니다. 선한 양심은 그리스도의 부활하심(속량사역의 완성)으로 중생된 새 사람(생명)의 거짓 없는 순수한 마음(벧전 1:22)입니다. 세례란 옛 사람(육적 자아)에서 거듭난 새 생명으로의 전환점(transition)의 징표(sign)적 행사인 것입니다(제94문답).

2) 연합/동일화

(1) '성부와 성자와 성령의 이름으로'에서 "이름"은 하나님의 권위와 공로를 가리킵니다. 원문에는 '이름 안으로(into)'이니 '삼위 하나님 안으로', 곧 상호 내주(內住)의 의미도 됩니다.

(2) 그리스도에게 접붙여짐: 너희가 세례로 그리스도와 '함께'(골 2:12;

롬 6:3)한다는 것은 연합, 곧 접붙임(합체시킴)을 가리킵니다. 이는 신자들의 영적 죽음과 부활을 의미합니다.

(3) 그리스도로 옷 입는다("누구든지 그리스도와 합하여 세례를 받은 자는 그리스도로 옷 입었느니라", 갈 3:27). 입은 옷은 그 사람에게 꼭 붙어서 함께 다니게 되므로 그리스도로 옷 입는다 함은 그리스도와 연합되어 일체가 되어, 그리스도와 항상 같이 움직이며 운명을 같이한다는 의미입니다. 사람이 옷을 입으면 옷으로 나타나듯이 신자에게는 그리스도가 나타납니다.

3. 세례의 양식(mode): 세례를 시행하는 양식(2 가지)은 본질적인 것이 아닙니다.

물세례 예표론: 은혜언약(구원)의 표호

구약 성경의 "사실 – 모형"	– 영적 동질성 –	신약성경의 "대응 – 원형"
노아 시대에는 물(홍수): 창7:17		신약 시대에는 세례:
구약 시대에는 할례: 창 17:7(1-14)		행 2:39(갈 3:29)

생각거리

- 물의 기능에서 세정(洗淨)성이 제외되는 까닭은 무엇입니까?
- 사도행전 22:16("세례를 받고 너의 죄를 씻으라")은 "세례"와 "씻음"의 연관성을 말합니까?

제96문답

주의 성만찬

문. 주의 성찬이 무엇입니까?

답. 주의 성찬은 그리스도께서 제정하신 대로 우리가 떡과 포도주를 주고 받음으로, 주님의 죽으심을 나타내 보여주는 성례입니다. 이로써 온당하게 성찬에 참여하는 자들은 다 같이 그리스도의 몸과 피, 그리고 그에 따른 모든 유익들에 참여하게 되어 은혜 안에서 성장하기에 이릅니다. 이는 저들이 취한 성찬 음식물이 몸 안에서 소화 흡수되어 피가 되고 살이 되는 신체적(corporal) 정서적(carnal) 성장이 아니라; 믿음으로 말미암은 영적 음식물로서 자라남에 작용합니다.[A]

Q. What is the Lord's Supper?

A. The Lord's Supper is a sacrament, wherein, by giving and receiving bread and wine, according to Christ's appointment, his death is showed forth; and the worthy receivers are, not after a corporal and carnal manner, but by faith, made partakers of his body and blood, with all his benefits, to their spiritual nourishment, and growth in grace.[A]

[A] 고전 11:23-26; 고전 10:16

제97문답

온당한 수찬

문. 주의 성찬을 온당하게 받기 위해 요구되는 것은 무엇입니까?

답. 주의 성찬에 합당하게 참여하려는 자들에게 요구되는 것은 주님의 몸을 분별하는 지식,A 주님을 양식으로 삼는 믿음,B 회개,C 사랑,D 그리고 새로운 순종E 등이 있는지 자신을 살피는 것입니다. 이와 달리 부당하게 성찬식에 오면 자신들에게 임할 심판을 먹고 마시는 것이 됩니다.F

Q. What is required to the worthy receiving of the Lord's Supper?

A. It is required of them that would worthily partake of the Lord's Supper, that they examine themselves of their knowledge to discern the Lord's body,A of their faith to feed upon him,B of their repentance,C love,D and new obedience;E lest, coming unworthily, they eat and drink judgment to themselves.F

A 고전 11:28-29("사람이 자기를 살피고 그 후에야 이 떡을 먹고 이 잔을 마실지니 주의 몸을 분별하지 못하고 먹고 마시는 자는 자기의 죄를 먹고 마시는 것이니라").
B 고후 13:5. C 고전 11:31. D 고전 10:16-17. E 고전 5:7-8.
F 고전 11:28-29.

해 설

[제96문답]

주의 성찬은 떡과 포도주를 나누어 먹고 마심으로 주의 죽으심과 사랑, 그때의 분위기를 우리 마음속 무대 위에 재현시키는 성례행사의 하나입니다. 성찬에서 떡은 주님의 몸(살)을, 포도주는 주님의 피를, 그리고 이것들은 우리가 그리스도의 살과 피에서 받은 보이지 않는 양식을 표시합니다. "주고 받음"이란 성찬 음식을 나누어 함께 먹고 마시는 행위를 말함입니다.

(1) 성찬예식은 그리스도의 역사적 죽으심을 밖으로 드러내 시각화(視覺化)되어 보여지는(show forth) 것입니다. 그의 죽으심이, 다시 오실 때까지(고전 11:26), 중단 없이 알려지고, 가르쳐지며, 기념되며, 증거되어 그의 대속의 은총을 새롭게 일깨웁니다. 떼어낸 떡과 갈라 낸 잔을 먹고 마시는 행위는 그 죽음에 참여함을 상징합니다. 참여함이란 십자가에서 이루신 희생의 열매를 내 것으로 사유화(私有化)함(spiritual appropriation)을 의미 합니다.

(2) 성찬음식은 영적 양식의 필수 영양소 개념으로 비유되어 신자의 영적 성장(성화)에 효과적인 것입니다. 이 성찬음식의 효용성은 떡과 포도주가 생화학적 대사 과정을 거쳐서 피가 되고 살이 되어 신체적 성장이 이루어지는 것과 같은 방식이 아니라 "믿음으로"입니다. 곧, 믿음으로 받는 떡과 잔이 이들이 상징하는 실체들(그리스도의 살과 피)이 되는 것은, 오직 성령에 의해서만 가능하여 우리는 주의 만찬 안에서 주의 죽음과 부활에 참여하여 하나님 나라를 맛보며 누릴 수 있습니다.

[제97문답]

성찬에 참여하기에 앞서 자기를 살필 의무가 있다고 합니다. "자기를 살핀다"(고전 11:28)함은 자기 성찰을 말하는 것으로 예수님의 수난이 나의 속죄의 공효임을 알고, 자기의 죄를 살펴 회개함을 말합니다. 이웃과 더불어 사랑과 자비로 살고 행동하고 있는지의 여부를 확인하는 것입니다.

(1) 주의 몸을 분별하는 지식: 성찬이 주님 몸이라는 인식이 있는지, 주님의 몸인 교회의 중요성을 인식하는 지, 주님의 살과 피는 우리 죄인들의 것과는 다른 뜻을 가진다는 인식이 있는지, 성례에 부활하신 주님의 특별하신 임재를 인식하는지, 즉 애찬(공동식사)과 성찬을 구별하는 지식을 말합니다.

(2) 주님을 양식으로 삼는 믿음: 주님은 생명의 떡이시니(요 6:48), 그의 살은 참된 양식이요, 그의 피는 참된 음료임을 믿고 그 살과 피를 먹고 마시는 자라야 그 안에 그리스도께서 거하십니다(요 6:55, 56). 신자(의인)는 믿음으로 살며, 이 삶의 에너지원(源)은 그리스도입니다.

(3) 회개: 회개하는 마음으로 성찬을 받으면 심판을 면하게 됩니다.

(4) 사랑: 우리 모두가 한 피와 한 떡에 참여함은 한 식구로서, 음식을 나누며 교제와 사랑을 나눔을 의미합니다.

(5) 새로운 순종: 성찬 의식이 암시하는 "죽임을 당하는 희생성"은 유월절이 성찬을 예표한다고 성경이 증거하기 때문입니다(고전 5:6, 7). 주님께서 유월절 양처럼 희생되셨기 때문에 누룩 없는(속죄 받은) 순전함과 진실함의 삶을 가리킵니다(8절).

"유월절"은 (출12:3-17) 그 원형인 "성찬"(고전5:7(11:23-34)을 예표하는 모형

> 참조

1. 화체설(化體說, transubstantiation): 성찬을 거행할 때 '미사의 기적'에 의해 실제로 떡이 그리스도의 몸으로, 포도주가 피로 변화한다는 로마교회의 잘못 된 미신적 성찬교리.

2. 공재설(共在說, consubstantiation) 어느 순간에 그리스도의 살과 피가 떡과 포도주의 내부나 밑에, 또는 더불어 공존한다는 루터교회의 잘못된 주장(성찬이 상징인 것을 바르게 이해하지 못한 오류).

제27과
기도

제98문답

기도의 뜻매김

문. 기도가 무엇입니까?

답. 기도란, 하나님의 뜻에[B] 합당한 우리의 소원들을, 그리스도의 이름으로,[C] 하나님 앞에,[A] 삼가 올려 드리는 일종의 예배 행위입니다. 이때 우리의 죄 고백과 함께,[D] 하나님의 자비하심에 대한 감사를[E] 꼭 곁들여야 합니다.

Q. What is prayer?

A. Prayer is an offering up of our desires unto God[A] for things agreeable to his will,[B] in the name of Christ,[C] with confession of our sins,[D] and thankful acknowledgment of his mercies.[E]

A 시 62:8("백성들아 시시로 그를 의지하고 그의 앞에 마음을 토하라").
B 요일 5:14("그의 뜻대로 무엇을 구하면 들으심이라").
C 요 16:23, 24. 4) 시 32:5, 6; 단 9:4. 5) 빌 4:6.

해 설

　기도란 신자가 하나님 앞에 마음을 토해, 그리스도의 이름으로 올려드리는 제사(예배) 행위이며, 이때 드리는 제물은 가난한 마음(소원), 죄 고백, 감사입니다. 구약 시대의 제사가 신약시대에는 그리스도인의 기도 행위로 실행됩니다(박윤선 주석, 잠언 15:8; 사 56:7).

1. 기도의 정의

　이 명제는 성경적 기도의 내용을 정확히 한정(限定)함으로 기도에 대한 세간의 통념과 엄격히 구별합니다. 일반적으로 '기도'라 하면 대상이나 내용에 관하여 별로 한정하지 않고 혼자서 중얼거리는 푸념, 제 멋대로, 자기의 뜻과 자기의 소원 성취를 비는(바라며 청하거나, 떼를 쓰며 사정하는) 바 모두를 기도라고 여깁니다. 그러나 참된 기도는 은혜 언약의 틀 안에 그 내용이 한정됩니다.

　1) 언약의 당사자들에게만 한정된 개념이니, 곧 택하신 자(눅 18:7)가 기도할 대상으로는 삼위일체 하나님에 한정하고; 기도자의 범위는 하나님께서 택하신 백성(구약에서 이스라엘)으로 국한됩니다.

　2) 기도(제사)에서 우리들이 제물로 삼아 고해바칠 우리의 소원은 하나님의 뜻에 맞는 사항들에 한정됩니다. 이런 기도야말로 우리를 향한 하나님의 언약적 요구인 우리 "믿음"의 고백을 통해 올려드리는 우리의 응답(책임)으로 양측 당사자 모두가 언약을 이행하는 효과적인 과정이요, 익어 가는 열매입니다. 언약을 배반하면(레 26:15) "너희의 향기로운

냄새를 내가 흠향(歆饗,기쁘게 받음)하지 아니할 것이다"(레 26:31)라고 말씀하심을 보아 언약 이행이 기도응답에 필수입니다. 하나님께서 요구하시는 믿음의 분량과 주시겠다고 약속하신 특혜의 분량은 서로 순환적이라고 볼 수 있기 때문입니다(빈익빈 부익부).

3) 자기 이름으로 하나님 앞에 나아갈 만큼 값어치 있는 사람은 하나도 없습니다. 우리와 하나님 간의 교제와 소통은 언약관계에 근거합니다. 이 은혜 언약이 성자와 맺은 속량(속죄)언약 위에 세워진 것이므로 우리의 대언자(요일 2:1)요, 언약의 중보자(딤전 2:5; 히 8:6; 9:15)이신 그리스도만을 아버지께로 올 수 있는 유일한 길로(요 14:6) 마련하셨습니다. 그리스도를 제쳐놓고는 모든 것이 무의미합니다. 그래서 참 기도는 예수 그리스도의 이름으로 드리는 기도에 한정합니다. 그래서 주님께서는, 자기가 떠나시는 일 때문에 어쩔 줄 모르며 슬픔에 잠긴 제자들에게, 이제부터는 "내 이름으로" 구하라고(요 14:13, 14; 15:16; 16: 24, 26) 제자들을 안돈시키시어 위로하시며 더 큰 은혜를 약속하셨습니다.

4) 회개와 감사가 기도의 중요한 요소인 것은 이것들이 모두 믿음의 요건인 동시에 믿음의 당연한 결과로 언약 주께 반응하는 선택 받은 죄인들의 의무이며 더 큰 은혜 받는 수단이며 비결이기 때문입니다(제88문답). 따라서 하나님, 교회, 및 믿음과 동떨어진 기도는 어떠한 경우에도 기도가 아닌 것입니다. 그러므로 참된 기도자는 제2, 3계명(제49-56문답)에 저촉되지 않아야 합니다. 바로 "하나님의 뜻에 합당한 사항" 즉 계시하신 말씀을 통해, 성령님의 지도로 우리에게, 교회에 주신 것에 '한정하여' 삼가며 구해야 합니다. 우리가 받은 은혜의 분량이 충만하지 못한데도 기도에 열심만 내면 인간적인 것, 육신적인 것을 꺼내놓을 수밖

에 없고 그렇게 되면 회개와 감사 대신 강퍅과 원망이 고개를 들어 이미 기도가 아닌 것이 되기 쉽습니다. 이처럼 기도의 정의를 제대로 이해하여 바른 기도를 하게 되기까지에는 많은 선지식(先知識; 앞서 요구되는, prerequisite)을 필요로 합니다. 곧 거룩하신 하나님 앞에 죄 덩어리인 우리 인생들이, 어떻게 기도를 통해 교통할 수 있는 인연을 맺게 되었는가 하는 관계설정의 내력과, 어떻게 말로만 듣고 거짓말 같은 복음을 믿게 된 까닭을 배워 알고 난 후에라야 제대로 기도할 수가 있습니다. 이것이 바로 교리문답에서 맨 마지막에서 기도를 다루는 이유 중 하나입니다.

2. 기도를 일컫는 말

1) 기도는 성경에서 종종 다른 말로 언급됩니다. 하나님 앞에 나아감(알현[謁見], draw near), 나아감(가까이 다가감, access, 엡 2:18), 나아감(approach, 엡 3:12; 롬 5:2; 히 4:16; 7:25 등), 구함(asking), 찾음(seeking, 사 9:13; 55:6; 렘 29:12, 13), 부탁(호소)함, 부르짖음(call upon, 롬 10:12-14; 시 50:15), 그리고 하나님 앞에 마음을 토함(pour out, 시 62:8) 등입니다.

2) 시편 62:8에서 "마음을 토한다"는 것은 쏟아낸다(pour out, 레 4:7, 18 등)는 말이고, 이는 "물 쏟듯이 마음을 하나님 앞에 바친다는 뜻입니다.

(1) 물을 쏟으면 담았던 그릇은 비고 쏟아진 자리에만 물이 있듯이 우리의 마음을 하나님 앞에 바친 다음에는, 그 마음이 온통 하나님에게만 가 있어야 되겠습니다. 전심을 바쳐야 되며 갈라진 마음 혹은 조각 난 마음은 하나님께서 원하지 않으십니다.

(2) 마음을 하나님 앞에 쏟는다는 것은 모든 난관을 하나님께 고하고 그를 전적으로 의지하고 안심함입니다. 고해 놓고도 안심하지 못하는 것은 물 쏟듯이 참되이 의탁한 것(믿음)이 아닙니다(박윤선 주석, 시편 62:8).

3. 기도의 근본(기도를 가능케 하는 바탕): 기도는 믿음에서

믿음이 들음에서 난다면 기도(주의 이름을 부름)는 믿음에서 난다는 말입니다. 곧, 믿어 구원 받은 자의 첫 자기표현의 일성(一聲)은 하나님을 부르는 기도라는 것입니다(갓 태어난 신생아의 울음 소리처럼). 이처럼 기도는 믿음의 작용으로 믿고 구원 받은 자의 징표이며 증거입니다(롬 10:13-15).

4. 기도는 은혜의 통로

기도는 하나님으로부터 좋은 것, 은택, 유익을 받는 수단이며 통로입니다(제88문답). 이 말은 기도해야 주시겠다는 조건이 아닙니다. 우리의 유익을 위한 필수적인 하나의 요식행위(要式行爲)인 것입니다. 하나님께서는 자진해서 아낌없이 주실 것이면서도 기도하라고 요구하시고 기도에서 요청한 사항을 이루어 주심으로 그것이 우리가 기도해서 얻은 것으로 인정하게 하십니다(겔 36:37). 이런 절차를 통해서 하나님께서는 약속에 신실하심으로 영광 받으시며 우리에게는 믿음이 더해지게 됩니다. 이런 이유 말고도 자녀들에게 기도할 것을 요구하시며 명령하시는(시 50:15 등) 이유는 또 있습니다. 우리의 순종 여부와 순종하는 동기(아무 조건 없이 하나님을 사랑하고 예배와 기도를 드리는지, 아니면 상급을 바라고 그러는지)를 시험하려 하십니다. 순종하는 자에게 자신을 기쁨으로 주시기 위함입니다. 우리가 하나님의 기도요구에 충실하지 못할 때 우리의 소원에 간절함이 없을 수 없게끔 기도를 강권하기 위하여 우리를 시험하십니다.

5. 기도의 요소:

1) 송영(Adoration)

2) 감사표시(Acknowledgement)

3) 자복(Confession)

4) 소원간구(Petition)

5) 그리스도의 이름으로(in the name of Christ)

제99문답

기도의 지침

문. 하나님께서 우리 기도의 지침으로 주신 규칙은 무엇입니까?

답. 하나님의 말씀 전체가 우리 기도의 길잡이(안내자)로 훌륭하지만,ᴬ 올바른 기도에 대한 특별한 지침은 보통 '주기도'라고 불리는 기도문으로ᴮ 그리스도께서 제자들에게 가르쳐주신 그 기도 형식입니다.

Q. What rule hath God given for our direction in prayer?

A. The whole word of God is of use to direct us in prayer;ᴬ but the special rule of direction is that form of prayer which Christ taught his disciples, commonly called the Lord's Prayer.ᴮ

해 설

1. 기도의 지침과 규칙들(Directions and Rules in Prayer)

1) 성경말씀 전체(계시된 하나님의 뜻)의 교훈에 합당한 기도 거리라야 함은 물론, 그 기도자가 계명을 지키는 실생활을 가져야 합니다(잠 28:9; 15:8; 21:27; 사 1:15). 우리의 소원도 하나님께서 우리 마음속에 주신 하나

A 요일 5:14. B 마 6:9-13.

님의 기쁘신 뜻이어야 합니다(빌 2:13). 조지 뮬러가 기도의 용사가 된 것은 기도 시작하기 전에 먼저 성경을 오랫동안 묵상하여 간구 건에 대한 하나님의 뜻을 찾은 결과라고 합니다.

2) 기도의 지침으로 유용한 기도문들은 한나(삼상 2:1-10)의 기도를 비롯하여, 다윗(대상 29:10-19), 솔로몬(대하 6:14-42), 이사야(사 63:15-64:12), 다니엘(단 9:4-19), 시편의 여러 기도들, 그리고 사도 바울의 여러 기도들 (바울 서신) 등입니다. 기도의 근본이 믿음이듯이 믿음 생활의 모든 규례와 지침들이 기도(생활)에도 그대로 해당됩니다. 곧 상시성 (always-on, 눅18:1-8), 끈덕짐(importunity, 눅 11:1-8)이 중요한 지침으로 요구됩니다. 누가복음 비유 (11:5-13; 18:1-8)에서는 우리 요구의 정당성 보다 요구할 수 있는 관계성을 전제할 때 기도자의 태도가 강조되고; 에베소서에서는(2:18; 3:12) 이 관계성의 근거와 조건 등이 강조됩니다.

2. 주기도문

1) 주기도문이야말로 "하나님의 뜻에 맞는 사항들"이 무엇인지를 올바르게 지적해주는 기도의 표준이요 모본입니다. 주기도문은 우리의 영적 스승이신 그리스도께서 정해주신 더할 나위 없이 완전한 기도의 형식(form)으로 우리 기도의 근거, 방법, 내용(목록) 등을 가르쳐 주십니다. 때문에 우리가 반드시 따르고 지켜야 할 구속력 있는 규칙입니다(as a binding rule).

2) 우리가 하나님께 기도해야 할 것과 기도할 수 있는 것 모두가 이 기도 형식에 다 들어 있습니다. 여기에는 우리에게 유익한 것, 우리에게 필요한 것 기도해도 좋은 것, 그분이 기뻐하시는 것, 즉 그분이 우리 간구

에 응하시어 기꺼이 주시고자 하는 것이 일목요연하게 마치 도표처럼 다 요약되어 있습니다. (In this summary he has set forth what is worthy of him, acceptable to him, necessary for us – in effect, what he would willingly grant.)

3) 주기도문의 구성내용: 머리말, 여섯 가지 간구들(처음 셋은 하나님의 영광에 관계된 것들; 뒤의 셋은 우리들의 문제 특히 우리 자신들의 필요와 유익을 위한 간구들), 그리고 맺는 말로 구성되어 있습니다.

4) 주기도문의 특징: 마태복음 6:9("그러므로 너희는 이렇게 기도하라")에서 "그러므로"는 앞의 기도 행태(行態, 외식과 중언부언)를 버리고 "이렇게"로 기도의 형식과 요령은 물론 '기도하라'는 말씀으로 기도의 본질을 가르쳐 주신 것입니다.

(1) 하나님의 영광이 최고의 자리를 차지하는 하나님 중심적(God-centered), 즉 하나님으로 시작하여 하나님으로 끝나는(Begins with God, ends with God) 기도입니다.

(2) 꾸밈없는 단순성(the utter simplicity); 간소하고 평이하여(clarity) 꾸밈이나 언어적 기교 따위(미사여구[美辭麗句]를 쓴 과장된, 감동적인 구절)가 전혀 없습니다. (No use of high- sounding form of words that have an impressive sound, and poetic phrases.)

(3) 요약적 간결성(brief): 장황하지 않고 짤막합니다. 모든 간구가 열 마디 이하입니다. 그러면서도 구할 거리 모두가 다 들어 있어 일상적 기도 생활에서도 더할 간구 건이 없을 정도로 완벽합니다. (We can work out our whole prayer-life from these petitions. We can add nothing to it, which is not already embraced within it.)

(4) 종합적 포괄성(comprehensive): 적은 말로 많은 것을 포함합니다 (장시간 많은 말을 하면서도 알맹이가 없는 기도가 아님).

(5) 외식성(外飾性, 위선, 겉치레)의 완전한 배제: 주기도문에서는 사람에게 보이려는, 사람과 인기를 의식하는 일부러 꾸민 행사성(行事性, 이벤트)을 전혀 찾아볼 수 없습니다.

특주

칼빈의 기도론(『기독교강요』 III. XX. 1-16)

기도는 믿음의 최상의 실습이며 매일 하나님의 은전(恩典)을 받는 수단입니다(제88문답). 기도는 복음이 가리켜주고 우리 믿음의 눈에 밝히 보이는 값진 보화를 캐내는 작업이라고 합니다.

바른 기도의 규칙

1. 하나님을 경외함(reverence)으로 기도할 것(기도를 받으시는 분, 하나님을 바로 인식하라): 곧 하나님과 대화하는 사람으로서 어울리는 합당한 정신과 마음의 자세(경건한 초연함, devout detachment)를 갖는 것이 필수적입니다.

2. 필요를 절감하며 통회함으로 기도할 것(기도자 우리의 주제 파악): 우리가 구하는 모든 것들이 과연 우리에게 필요한 것들인지를(돼지 주제에 진주를 달라는 것이 아닌지, "너희는 너희가 구하는 것을 알지 못하는도다", 막 10:38) 진지하게 생각할 것입니다. 이 결과는 반드시 통회자복(회개)으로 이어집니다. 남의 기도 흉내나 대본대로 낭송하는, 연출된 기도(mere recital of prayers)에는 이런 은혜가 뒤따르지 않습니다.

3. 자신감(나 자신에 대한 모든 신뢰)을 버리고 겸손하게 죄 용서를 간구함으로 기도를 준비하거나 시작할 것(약 4:6, 10; 벧전 5:6): 규칙 1, 2에서 제대로 파악된 현실 인식은 기도 자를 맨 밑바닥까지 낮추어, 오직 하나님의 긍휼만을 바라보며, 우리의 죄와 비참함의 형벌에서 구출(면하게) 해줄 것을 구하기 전에, 먼저 사죄 받기를 구할 것입니다. 원인은 그대로

두고 그 결과만 없어지길 바람은 잘못이기 때문입니다.

   4. 확고한 소망(응답의 확신)을 가지고 기도할 것: 바른 기도는 저절로 우연히 되는 것이 아니라 믿음의 인도를 받아서야 가능함. 확신을 가지고 기도하면 결함 있는(defective) 기도라 할지라도 들어주시지만(마 21:22; 막 11:24) 기도의 응답에는 하나님의 용서가 선행되어야 합니다.

생각거리

임금님 앞에서 패장의 변(죽여 주시옵소서!)은 어느 규칙에 저촉됩니까?

제28과

주기도문

제100문답

주기도문의 머리말

문. 주기도문의 머리말이 우리에게 주는 가르침은 무엇입니까?

답. 주기도문의 머리말 "하늘에 계신 우리 아버지여"가 우리에게 가르치는 것은, 기도로 하나님께 나아갈 때, 어린 꼬마들이 아버지를 대할 때처럼, 친숙함과 거룩한 공경심 모두를 가지고 기도에 임하라는 것인바, 하나님은 언제든지 우리를 기꺼이 돕고자 하며 도우실 수 있는 능력과 채비를 갖추신 자상하신 아버지시라는 점입니다.[A] 이에 더하여 우리들이 다른 사람들과 함께 그리고 다른 이들을 위하여 기도하여야 한다는 것도 배웁니다.[B]

Q. What doeth the preface of the Lord's Prayer teach us?

A. The preface of the Lord's prayer (which is, Our Father which art in heaven), teacheth us to draw near to God

---

A 롬 8:15; 눅 11:13. B 행 12:5; 딤전 2:1, 2.

with all holy reverence and confidence, as children to a father, able and ready to help us;ᴬ and that we should pray with and for others.ᴮ

해 설

1. 친숙한(친밀하고 흉허물이 없음) 느낌과 거룩한 공경심.

"하늘에 계신 우리 아버지여"를 원문의 강조 어순대로 옮기면 "아버지, 우리 (아버지), 하늘에 계신 (이시여)"처럼 배열됩니다. "아버지!"라는 첫마디가 지금 우리가 우리 되기까지의 그 불경함, 방자함, 발칙함, 두려움, 의심, 무관심, 소원(疎遠)함, 서먹함 등을 단번에 날려버리고 하나님에 대한 신뢰와 애정을 갖도록 도와줍니다. 심지어는 응석을 부리고 싶은 마음마저 들게 합니다. "아서라" 입니다. 하나님을 바르게 배운 참 신자는 하늘 아버지를 어떻게 대할지를 잘 알기 때문입니다. 친근한 마음이 더해갈수록 거룩한 공경심(하나님과의 관계에서의 예의)도 동반하라는 것입니다. 우리말 속담 "정에서 노염이 난다"는 말처럼, 정다운 사이일수록 예의를 지켜야 함입니다. 혈육적 애정과 하나님께 대한 예의(거룩한 경외심) 어느 하나도 버림이 없이 다 겸비하고(마 23:23) 기도에 임하라고 합니다.

2. "우리" 어느 누구도 (절대적으로 복되신 하나님마저도) 혼자서는 행복할 수 없는가 봅니다. 그래서 우리의 모든 기도는 '나' 혼자만이 아닌 주님이 이룩하여 세우신 "공동체"에 관심과 주의를 기울여야 한다는 가르침

입니다. 서로를 위하여, 모두를 위하여 도고(禱告)하라는 우리들의 사명을 깨우쳐주는 대목입니다.

3. "하늘에 계신" 우리 아버지이지만 하나님은 여전히 하나님임을 기억하여 버릇없이 굴지 말라는 것입니다. (God is still God even though He is our Father.) 육신의 아버지와는 본질이 전혀 다르신 "우러러 숭배하여 삼가며 공손히 섬길 대상임"을 말합니다(거룩한 공경심).

제101문답

성호(聖號)의 영광

문. 첫째 간구에서 우리는 무엇을 소원합니까?

답. 첫째 간구 "이름이 거룩히 여김을 받으시오며"에서는 우리와 함께 모든 사람들이 하나님께서 자신을 드러내 알리시는 모든 것들에서 하나님을 영화롭게 할 수 있도록 하여주실 것과,ᴬ 또 만사가 오직 아버지 자신만의 영광으로 귀착되도록 처리해 주시기를 기도합니다.ᴮ

Q. What do we pray for in the first petition?

A. In the first petition (which is, Hallowed be thy name), we pray that God would enable us and others to glorify him in all that whereby he maketh himself known;ᴬ and that he would dispose all things to his own glory.ᴮ

A 시 67:2-3("주의 도를 땅 위에 주의 구원을 모든 나라에게 알리소서. 하나님이여 민족들이 주를 찬송하게 하시며 모든 민족들이 주를 찬송하게 하소서").

B 시 83편 전체, 특히 18절("여호와라 이름하신 주만 온 세계의 지존자[至尊者]로 알게 하소서").

해 설

1. 필수적인 간구거리의 우선순위

하늘 아버지를 불러놓고 우리가 무슨 말로, 무슨 소원부터 아뢰어야 되겠습니까? 맨 먼저 올려 드릴 소원은 하나님의 명예가 인정받고 칭송받는 것입니다. 하나님께서 당연히 받으셔야 할 영광과 존귀를 받으시기를 소원해야 한다는 것입니다. 그것도 우리와 다른 사람들을 통해서 그렇게 되기를 소원해야 됩니다. 곧, 우리의 배은망덕과 악의와 무지로 영광이 가려지고 존귀하심이 조롱과 멸시를 당하는 사실에 부끄러움을 가지고 이런 모든 발칙함이 일소되어 하나님의 존엄이 더욱더 빛나시기를, 우리 자신들의 사정 이전에, 먼저 구하라는 것입니다.

2. 이름

성경에서 이름은 다른 것과 구별하기 위한 단순한 인식표(꼬리표, 주민등록번호처럼)가 아니라 그 이름으로 불리는 대상의 본질이나 특성을 묘사하는 일종의 설명서입니다.

[제101문답]

하늘 아버지의 존재, 속성, 하신 일, 구원, 계획, 섭리 등 자신을 나타내어 알게 하시는 계시와 정보 모두를 아울러 "이름"에 해당한다고 설명합니다. 하나님께서 친히 자신을 소개하신 이름은 (여호와, 고유명사 하나님, 엘 샤다이, 주 등) 구약에서만 10개 이상이며 은유로 표현된 이름(방패, 산성, 피난처 등)은 20개도 더 됩니다. 또 하늘과 땅의 각 족속에게 이름을 주심으로(엡 3:15) 주권적 명명권(命名權) 행사를 통하여 자신이 창조주,

구속주, 섭리주이심을 알리시며 영광을 나타내셨습니다.

영어 단어 "hallow"는 '거룩한 것으로 여겨 경배하다'라는 말로 영광스러운 명예가 본래의 모습 그대로 인정받음을 뜻합니다. 곧 그 아름다운 이름의 영광이 가려지지 않기를 구합니다. 하나님 "이름의 거룩성"은 하나님이 사람(피조물)과 구별된 "하나님 되심(신성, 신적 본질)"을 의미합니다. 하나님의 이름은 우리의 소원과 관계없이 거룩하십니다. 우리는 죄 가운데서 완전 무능하여 하나님 이름을 거룩하게 할 수 없습니다. 그러므로 이 기도는 우리가 불가능한 소원을 하나님께서 하시도록 시키는 것이 아니라 우리의 거역하는 마음을 하나님께 가져와 본디 목적을 이루도록 처리해 주십사 하고 은혜를 구하는 기도이기도 합니다.

우리의 능력으로는 엄두도 못낼 것 또는 우리의 기도 여부와 무관한 간구 건을 소원으로 놓고 기도하라 하심은 율법이 그렇듯이 기도가 우리의 주제를 파악시키기 위한 요식행위임이 분명합니다. 그러시면서도 우리와 함께 하지 아니고는, 우리의 동의를 얻지 않고는 아무것도 더 이상 진행시키지 않으시겠다는 하나님의 다짐인 것처럼 말입니다.

제102문답

아버지의 나라가

문. 둘째 간구에서 우리가 구하는 것은 무엇입니까?

답. 둘째 간구 곧 "나라가 임하시오며"에서, 사단의 나라가 물러가고,ᴬ 은혜의 나라가 흥왕 하여져ᴮ 우리와 다른 사람들이 그 나라에 다 함께 있어 계속 머무르게 하시며,ᶜ 영광의 나라가 앞당겨져 임하시기를 기도합니다.ᴰ

Q. What do we pray for in the second petition?

A. In the second petition (which is, Thy kingdom come) we pray, That Satan's kingdom may be destroyed;ᴬ and that the kingdom of grace may be advanced,ᴮ ourselves and others brought into it, and kept in it;ᶜ and that the kingdom of glory may be hastened.ᴰ

A 시 68:1, 18("하나님이 일어나시니 원수들은 흩어지며 주를 미워하는 자들은 주 앞에서 도망하리이다...주께서 높은 곳으로 오르시며 사로잡은 자들을 취하시고 선물들을 사람에게서 받으시며 반역자들로부터도 받으시니 여호와 하나님이 그들과 함께 계시기 때문이로다").
B 계 12:10, 11. C 살후 3:1; 롬 10:1; 요 17:9, 20. D 계 22:20.

해 설

1. "나라가 임하시오며"라는 간구는 세 가지를 구합니다.

1) 사탄의 나라가 무너져 가는 동시에,

2) 은혜가 다스리는 은혜의 나라가 와서 우리와 다른 사람들이 거기에 들어가 도중 탈락하는 일 없이 종말까지 보호 받아 흠 없이 보존될 것과,

3) 주님 재림 시에야 비로소 완전하게 임할 영광된 나라가 속히 오도록 재촉하여 주시옵기를 간구한다는 것입니다.

여기서 "나라"는 영토적 개념이 아니라 통치권이 미치는 영역을 말합니다(눅 17:21) 그러나 영광의 나라는 영토적 개념을 포함합니다. 사탄의 나라는 이 세상을; 은혜의 나라와 영광의 나라는 하나님의 나라 즉 천국을 말합니다.

2. 시편 68편에 대한 에베소서 4:8의 해석

증거 구절 1)은 신정국 이스라엘의 왕 다윗에게 대표된 하나님 위엄을 선양(널리 떨침)으로, 장차 오실 그리스도께서 십자가로 승리하시고 승귀(昇貴)하실 것을 예표한 것으로 사도 바울에 의해 에베소서 4:8에 인용되어 해석되었습니다. 시편 68:18은 정복과 승리의 결과 조공과 전리품을 받는다는 의미이니, 여기서 "받으신다"의 의미는 하나님께서 그 위엄으로 자기백성 이외의 인간들의 귀순(歸順; 반항하거나 반역하려는 마음을 버리고 스스로 돌아서서 따라 오거나 복종함)을 얻으셨다는 것입니다. 그 결과로 그가 자기의 택한 백성에게는 선물을 줄 수가 있게 되어, 에베소서 4:8의 "사람들에게는" 자기 백성 곧 교회를 가리킨 것입니다. 그리스도의 속

량사역이라는 전쟁에서 이기시고 결과(승전의 열매로) 만물을 충만하게 하십니다(엡 4:10). 그리스도께서 만물을 충만하게 하시는 일환으로 '각 사람에게' '선물', 곧 은사를 주십니다. 그러므로 각 지체의 은사는 지체의 공로가 아니라 그리스도께서 구원사역에서 승리하시고 선물로 나누어주시는 것이므로 은혜입니다.

3. 하나님의 주권

하나님 나라를 이 세상 즉 사탄의 나라와 견준다고 해서 사단을 하나님과 맞수로 인정하는 이원론(二元論)적 관점이 결코 아닙니다. 사탄도 일개 피조물로 그의 치세(治世) 활동은 하나님의 주권 아래에 있으며, 이는 하나님의 기쁘신 뜻과 선한 목적에 따라 일시적으로 허용하신 결과임을 알아야 합니다. (God allows evil to occur, but for good purpose.) 따라서 본 간구는 하나님이 만유를 통치하게 되기를 기도하는 것이 아닙니다. 하나님께서는 우주를 통치하고 계십니다. 우리가 이 세상에서 겪는 온갖 악이, 숙명적으로 거기에 말려든 것이 아니라, 우리의 유익을 위해 하나님의 뜻과 작정과 목적에 따른 조치인 것입니다. 그러나 우리는 사단의 나라에 나그네로 살기 때문에 본향인 하나님 나라를 학수고대 하면서 바라는 것입니다.

제103문답

아버지의 뜻이 땅에서도

문. 세 번째 간구에서 우리는 무엇을 위해 기도합니까?

답. 세 번째 간구 곧 "뜻이 하늘에서 이루어진 것같이 땅에서도 이루어 지이다"에서는, 하나님의 은혜로, 하늘에서 천사들이 하듯이,B 우리도 능히 그리고 기꺼이 범사에 있어서A 하나님의 뜻을 알며, 따르며, 복종할 수 있게 하여 주실 것을 기도합니다.

Q. What do we pray for in the third petition?

A. In the third petition (which is, Thy will be done in earth, as it is in heaven) we pray, That God, by his grace, would make us able and willing to know, obey, and submit to his will in all things,A as the angels do in heaven.B

A 시 67편 전체; 시 119:36("내 마음을 주의 증거들에게 향하게 하시고 탐욕으로 향하지 말게 하소서"); 마 26:39; 삼하 15:25; 욥 1:21.

B 시 103:20, 21

해 설

1. 하나님의 "뜻"

우주의 만사를 계획하시고 지도하시는 하나님의 주권을 말합니다. (God's will is His sovereignty in planning and directing the affairs of the universe.) 우연이든 고의적이든 "일어나는 만사는 하나님 의지(뜻)"의 실현입니다. (Everything that happen is a realization of the will of God.) 하나님의 뜻을 감춰진 은밀한 계획(작정의지)과, 말씀(율법과 복음)으로 나타내 보이신 "계시된 뜻"으로 구분합니다만, 본 간구에서는 이 두 가지 뜻 모두를 포함합니다. 땅에서도 하늘에서처럼 아버지의 뜻이 이루어지기를 소원하는 이 간구는 하나님의 통치(나라)와 분리될 수 없는 것이지만 "하나님이 우주를 통치하신다"는 뜻을 쉽사리 이해하지 못하는 우리의 아둔함 때문에 별도로 첨가된 기도 대목이기도 합니다.

하나님의 은혜로 성령님이 우리 마음에서 활동하셔서 우리가 기꺼이 하나님의 계시된 뜻은 물론 감춰진 뜻도 헤아릴 수 있어, 알고, 따르며, 복종할 수 있게 해 주시기를 기도하는 것입니다.

2. 뜻의 실현

예측할 수 없이 변화무쌍하게 우리에게 닥치는 주변 상황은 하나님의 감춰진(이미 계획하시고 결정하신) 뜻의 실현입니다. 그분의 뜻과 모순되는 우리의 모든 소원과 정서를 헛된 것으로 무력한 것으로 만들어 주옵소서! 주님의 마음을, 심장을 주시옵소서! 그래서 주님처럼 순종의 힘을 허락하소서!

제104문답

일용할 양식

문. 넷째 간구에서 우리가 기도하는 바는 무엇입니까?

답. 넷째 간구, 곧 "오늘 우리에게 일용할 양식을 주시옵고"에서는, 우리가 이생에서 하나님께서 값없이 주시는 좋은 것들의 적정 몫을 선물로 받음으로 이에 수반되는 하나님의 축복을 즐길 수 있기를 기도합니다.ᴬ

Q. What do we pray for in the fourth petition?

A. In the fourth petition (which is, Give us this day our daily bread) we pray, Thaㄴt of God's free gift we may receive a competent portion of the good things of this life, and enjoy his blessing with them.ᴬ

해 설

1. 우리 또는 나

이제 우리의 관심은 영원이라는 시간 축 위에 '오늘'이라는 한 점을 찍고, 무한대의 공간 중에서 지극히 작은 '우리 또는 나'에게 모아집니

ᴬ 잠 30:8-9("곧 헛된 것과 거짓말을 내게서 멀리 하옵시며 나를 가난하게 마옵시고 부하게도 마옵시고 오직 필요한 양식으로 나를 먹이시옵소서. 혹 내가 배불러서 하나님을 모른다, 여호와가 누구냐, 할까 하오며 혹 내가 가난하여 도둑질하고 내 하나님의 이름을 욕되게 할까 두려워함이니이다"); 창 28:20; 딤전 4:4, 5.

다. 넷째 간구에 이르러서야 주님께서 우리 자신들의 문제들을 돌아보도록 허용하십니다. 여기에는 엄격한 조건과 제한이 따릅니다. 곧 이 간구로 인해서 하나님께서 내리시는 모든 혜택으로 하나님의 영광을 드러내려는 의도가 없이는 아무것도 구하지 말라는 명령이 전제되어 있다는 것입니다. 사실 우리의 주제(변변치 못한 꼴)를 생각하면 기본적인 생존권조차 내세울 수 없는 무가치한 존재이지만 주님과 연합되었기 때문에(롬 14:7-9) 우리의 목적과 행함이 영원한 가치와 천상적 의미를 지닙니다. 그러므로 이 간구에서 우리는 우리 자신을 하나님의 보호와 섭리에 일임하여, 우리를 먹이시고(feed), 키우시고(nourish), 보존해주시는(preserve) 축복을 소원합니다.

2. 오늘 또는 날마다

"오늘 또는 날마다(day by day)"는 이생에서 육신을 입고 전적으로 주님에게 의지하여 살아가는 우리들의 "지금, 현재의, 하루하루의 사소한 일까지도, 물 한 모금, 밥 한 술까지도" 주님께 부탁드리는 기도로, 없어질 것에 대한 무제한적인 욕망을 억제하게 하십니다. "일용할 양식"은 문자적으로는 '하루치 음식'에 해당하지만, 단순히 먹고 마시는 것뿐 아니라, 이 세상에서 살면서 육신에 필요한 모든 것 즉 의식주뿐 아니라 우리에게 유익한 것(우리의 소견이 아니라 하나님 보시기에) 전부를 말합니다. 매일 끼니때마다 한 끼 분량만을 요구하라 하심은 하늘 아버지께서 우리에게 배정해 공급해주신 분량으로 만족하라는 것입니다. 우리의 소유가 필요 이상으로 풍부할 때에는 쾌락과 오락과 허식과 기타 사치에 빠져 인생 전부를 탕진하게 됩니다. 모든 것이 풍부하여 필요나 아쉬움을 모르는 자가 이 넷째 간구를 올린다면 이는 받고 싶지도 않은 것을, 기대하지도 않으면서 건성으로 구하는 것이므로 하나님을 조롱하는 행위입니다.

참조 '주옵시고'와 '주시옵고'

1. '주고'의 높임말(존대법)입니다. 존대법에는,

 1) 동작의 주체를 높이는 존경법과(이 때의 선어말[先語末] 어미[語尾]는 '시'),

 2) 말하는 자를 낮추어 상대방을 높이는 겸양법(선어말 어미 '옵')이 있으며, 주기도문에서는 이 둘을 겹으로 붙여서 우리 기도의 대상인 하나님을 한껏 높이고 기도자를 한껏 낮추는 겹존대법적 표현을 사용하고 있습니다.

2. '옵시'와 '시옵'의 사용상 차이는 들으시고 말하는 이들의 신분과 질서(예의) 관계상 우선순위 문제입니다. 옵시고(개역)에서 시옵고(개정개역)로 바로 잡은 것은 '하나님 높임'이 '우리 낮춤'보다 먼저여야 하기 때문에 매우 귀한 고침 표현입니다(언제나 하나님 우선). 주님이 가르쳐 주신 기도에서의 순서를 따라 우리들의 근황과 관심사보다 하나님께 관련된 관심사(성호의 신성화, 하늘나라의 임함, 뜻의 지상 편만화)라고 여겨지는 소원들을 먼저 구한 다음 우리들의 소원을 간구해야 할 것입니다.

제105문답

사죄(赦罪)의 간구

문. 다섯째 간구에서는 무엇을 소원합니까?

답. 다섯째 간구 "우리가 우리에게 죄지은 자를 사하여 준 것같이 우리 죄를 사하여 주시옵고"에서는, 우리의 죗값을 치르신 그리스도를 보시고, 우리의 모든 죄를 값없이 용서해 주시기를 소원함인데,A 우리는 아버지의 은혜를 입어야만 마음으로부터 다른 이들의 죄 용서가 가능해졌기 때문에, 감히 우리는 더욱 담대함을 가지고 이 소원을 아뢰는 바입니다.B

Q. What do we pray for in the fifth petition?

A. In the fifth petition (which is, And forgive us our debts, as we forgive our debtors) we pray, That God, for Christ's sake, would freely pardon all our sins;A which we are the rather encouraged to ask, because by his grace we are enabled from the heart to forgive others.B

A 시 51:1, 2, 7, 9; 단 9:17-19.
B 눅 11:4("우리가 우리에게 죄지은 모든 사람을 용서하오니 우리 죄도 사하여 주시옵고"); 마 18:35.

해 설

1. 사죄

1) 이 간구에서 '죄'는 '빚(채무)'을, '사죄'는 '빚 탕감, 곧 죄악을 지워 줌, 도말'을 뜻합니다(마 18:21-35). "그리스도를 보아서, 값없이(freely)"는 또 별도로 "죗값을 치름 없이, 흔쾌히"의 뜻이니 그리스도 보혈의 공효(功效)가 영원하여 죄목이나 죄질에 제한 없이 확장 적용됨을 알 수 있습니다.

2) 우리가 소원하는 사죄는 '근본 사죄' 곧, 죄인으로 하나님의 자녀 되게 하는 사죄(칭의)를 가리킴이 아니고, '일반적 사죄,' 곧 믿은 이후에 늘 범하는 허물(자범죄)에 대한 용서를 말합니다. 이렇게 볼 때 이 두 사죄의 구별점은 무엇입니까? 사죄 조건의 유무이니 곧, 근본 사죄가 무조건인 데 비해, 일반 사죄는 조건부 사죄라는 점입니다(박윤선 주석, 마 6:12). 다시 말하면 일반사죄에 조건을 달아놓음으로써 근본 사죄의 은혜를 받은 신자의 의무와 책임을 강조하십니다. 이 조건이란 사죄(일반) 간구에 앞서 아버지께서 우리에게 내놓으신 요구이니 곧, 사람의 잘못의 용서함(마 6:14, 15), 마음으로부터 형제를 용서함(마 18:36)입니다.

3) 다섯째 간구에서 우리 죄를 사하여 주시옵소서(Forgive us our debts)에 연이어(우리말 성경에는 어순의 차이로 간구문의 첫머리에) 보충설명으로 "~같이(as, 마 6:12)", "하오니(for, 눅 11:4)"로 시작되는 보충설명이 부가되어 그 해석에 어려움은 물론 오해를 불러오기도 합니다.

2. 교훈

주님께서는 "우리가 우리에게 죄지은 자를 사하여 준 것 같이"라는 보충설명을 통해 우리에게 무엇을 가르치려 하셨는가?

1) 우리가 남을 용서함이 아버지의 용서를 받을 수 있는 근거나 원인이 된다는 말씀인가? 이것이 아닌 것은 분명하며, 더구나 우리의 용서 행위의 보상으로 또는 그것을 공로로 여겨지게(느 13:14, 22하, 31에서처럼) 된다는 말씀은 더욱 아닙니다.

2) "같이"라는 전치사를 보아 우리의 사죄가 하나님 사죄를 구체화시켜 사죄의 개념을 명료하게 전달하려는 직유적 표현인가? 그것도 아닙니다. 그러면 무슨 말입니까?

3) 소요리문답의 해설(제105문답의 답 후반부)에 따르면, 죄인 주제에 감히 우리가 하나님의 사죄를 간구함은 남에 대한 우리의 사죄 가능성의 전제 또는 요건(필요조건)임을 뜻한다는 것입니다. 이는 구원론의 원리적 명제에 불과하고(신자의 선행) 잘못하면 참 명제의 주객이 전도된 역명제가 될 우려가 있습니다.

참조 용서하고 잊으라: 재담문

1. 용서를 말할 때 흔히 "용서하고 잊으라(Forgive and forget.)"고 함은 유사 발음 반복(paronomasia) 기법의 언어유희(재담문[才談文])에 불과합니다. 상처 받은 사람은 마음과 기억을 비워, 잊어버리기가 결코 쉽지 않습니다. 용서 가능성의 실마리는 '불쌍히 여김'이니 우리 인생들에게는

없는 아가페 사랑의 한 요소입니다. 아량과 관용의 비결은 하나님의 입장에 서는 것(그리스도의 마음을 품음), 위의 것에 착념(着念)함(골 3:1-4)입니다.

2. 재담문(才談文)의 보기:

1) 이열치열(以熱治熱)

2) If you pause to think, you'll have cause to thank.

3) Many books can inform, but only the bible can transform.

4) A text taken out of context becomes a pretext.

5) If we do not hate evil, we cannot love Good.

참조 인과오류(因果誤謬, post hoc fallacy)

우리의 사죄가 하나님 사죄를 얻는 근거나 이유 또는 원인으로 잘못 인식되는 경우를 일컫는 말로, 전후관계를 인과관계로 잘못 인식하는 것입니다. 라틴어로 '포스트 호크(post hoc)'는 "그 후(afterward, 시간 순서)"를 이름이나, "이 이후에" 말고 "그러므로", "이 때문에"의 뜻도 있어 원인의 뜻도 내포하고 있기 때문입니다.

제106문답

시험에서의 보호

문. 여섯째 간구에서 우리는 무엇을 소원합니까?

답. 여섯째 간구 즉 "우리를 시험에 들게 하지 마시옵고 다만 악에서 구하시옵소서"에서는, 하나님께서 죄에 이르는 시험으로부터 우리를 지켜주시거나,ᴬ 이 시험을 당하고 있을 때에는ᴮ 이를 이겨내도록 우리를 도우시며 거기에서 건져내 주시기를 기도합니다.

Q. What do we pray for in the sixth petition?

A. In the sixth petition (which is, And lead us not into temptation, but deliver us from evil) we pray, That God would either keep uis from being tempted to sin,ᴬ or support and deliver us when we are tempted.ᴮ

해 설

1. 시험은 테스트: 피해야 할 시험과 반겨야 할 테스트

1) 주기도의 문맥에서 '시험'은 '죄에 이르는 시험 당함, 곧 죄를 짓도록 유혹됨(being tempted to sin)'이라고 설명합니다. 어찌 보면 죄와 관

ᴬ 마 26:41("시험에 들지 않게 깨어 기도하라"). ᴮ 고후 12:7, 8

련 없는 '시험'이 있으며 이 시험(고사[考査], examination)과 구별하려고 '유혹'의 뜻이 있는 '시험(temptation)'을 썼다고 볼 수도 있습니다. 그러나 타락한 이성적 존재들(사탄과 사람)에 의해서, 이들을 대상으로 행해지는 모든 "시험(test)"에는 범죄(불법, 부정)로의 유혹이 항상 도사리고 있습니다. 곧 '유혹'의 개념은 "시험"에 포함되지 않은 동의어입니다. 시험지를 받으면 커닝의 유혹, 면접관 앞에서의 허영과 자랑으로의 유혹 등을 생각하면 이해가 쉽습니다.

2) '시험'을 사전에서는 '자질(사람) 따위의 수준, 성능, 능력(사물)의 정도 등을 알아보거나 겪어보는, 곧 평가/검사 절차'라고 좁은 의미로만 정의합니다. 일반적으로 시험대상의 합목적성(가치, 수준, 정도)에 관한 정보나 지식을 얻는 수단인 "시험"(test)은 "떠봄, 고사, 유혹/꾐, 시도, 평가, 따짐, 캐냄, 검사(점검), 시련(괴롭힘이나 어려움을 당함), 장난치며 놀림, 집적거림(tease)" 등의 여러 뜻을 함축하나, 그 기본 개념은 "테스트"(국어화된 외래어, 신약 용어로는 페이라스모스[peirasmos]) 한마디로 집약될 수 있습니다. 다만 누가(시험자) 누구를(수험자), 무슨 목적으로 테스트하느냐에 따라 문맥적 뜻이 달리 결정됩니다.

3) 실로 우리들은 지겹도록 많은 시험을 치르면서 지내왔고 또 계속해서 시험을 치르고 시험을 받고 당하면서 살아갈 것입니다. 맨 마지막 시험인 흰 보좌 앞에서 면접 고사(계 20:12)를 치를 때까지, 아무도 이 '테스트'에서 벗어나지 못합니다. '시험'은 창조주께서 피조물에게 주권적으로 부과하신 숙명적인 부담이기 때문입니다.

2. 하나님의 테스트

1) 하나님께서는 사람을 시험하십니다. 성경에는 하나님께서 테스트 하시는 예화들로 가득합니다. 아담을 떠보시려고 뱀에게 꾀도록 허용하셨습니다(작정적 테스트). 첫 시험에서 낙제한 이후 아담의 후손들을 대하시는 모든 섭리적 조치가 하나님의 '시험'인 것입니다. 우리의 동기와 실상을 드러냄으로 인생의 주제를 파악하도록 하시기 위해 여러 모양으로 테스트하십니다. 친히 시험하실 때도 있지만(창 22:1; 히 11:17; 출 15:25, 16:4; 신 8:2; 13:3 등) 보통은 제2원인(자연법칙, 인간이나 사탄의 활동 따위)을 매개로 한 간접 테스트(시련과 유혹)도 행하십니다. 이 간접 테스트에 주로 쓰이는 제2원인은 환경의 변화입니다(역경[逆境] 또는 순경[順境]). 만물의 주인이신 하나님께서는 자기의 소유물(사탄, 인간, 삼라만상 등의 피조물 모두)을 자신의 테스트 목적을 위해 사용하십니다. 자연의 위력을, 사탄의 간교함을, 역경에서의 괴로움을, 순경에서의 안락함을 다 사용하셔서 택자와 버려진 자를 테스트하십니다.

2) 이것들은 모두가 각자의 자리에서 주인이 맡긴 직분과 역할에 충실합니다. 사탄도 예외가 아닙니다(창 3:1-5; 욥 1:12). 그러나 택자가 감당치 못할 시험은 허용하시지 않습니다 (고전 10:13). 이런 시험(단련)은 다윗이 받아 뜻과 양심이 단련(try) 받기를 간구한 테스트입니다(시 26:2). 인내심을 길러내어 생명의 면류관을 얻게 하는(약 1:12), 기쁨으로 영접해야 할 시험(약 1:2, 3), 하나님께서 즐겨 행하시는 테스트입니다. 반면에 누구에게도 친히 행하지 아니하시는 테스트(꾐)도 있으니 곧 죄에 이르는 시험입니다(약 1:13). 그런데 왜 많은 사람들이 이 시험을 받게 될까요? 이 시험은 역경(욥의 경우처럼 어려움)보다는 주로 달콤한 미끼(순경[順境, prosperity], 재물[riches], 권세[power], 명예[honors], 쾌락, 건강, 박

수, 또는 칭찬과 아첨[잠 29:5] 따위)로 속이어 충동합니다. 야고보서 1:14, 15에 의하면 사람이 이 시험을 당하는 것은, 각자가 자신의 속에 있는 악한 욕심에게 이끌리어 꾐에 빠지기 때문이랍니다. 15절에서는 이 정황을 생물학적 비유로 일목요연하게 그려냅니다. 여성명사인 악한 욕심(여인으로 의인화된)이 사람(자신)을 여자의 침상으로 끌어들이면 결과적으로 욕심은 잉태하여 "죄"라는 아이를 낳게 되고, 이 죄(아이)는 완성의 목표(죽음)를 향해 성장하여 드디어는 사망으로 끝난다는 것입니다.

3) 이제 여섯째 간구를 드려야 할 까닭이 분명합니다. 우리는 이제 천방지축(天方地軸) 나대는 철부지가 아닙니다. 그렇다고 성숙한 믿음의 용사도 못됩니다. 영적으로 어리고, 연약하며, 아둔하여 무식하며, 지혜도 많이 부족합니다. 헛된 꿈과 달콤한 잠에서 벗어나지 못하고 있어. 이 세상의 갖은 유혹을 막아낼 수 없습니다. 불쌍히 여기소서. 내 생명을 내 대적에게 맡기지 마소서(시 27:12). 아버지 품 안으로 피하기를 원합니다. 긍휼이 크신 아버지의 손에 빠지기를 원합니다(삼하 24:14). 깨워주소서! 지혜를 열어주시옵소서!
우리의 성숙이 부족하여 시험에 들었으면(약 1:5) 경건의 지혜를 구할 것입니다. 시험에서 건짐 받는 길은 경건뿐입니다(벧후 2:9).

4) 죄에 빠지는 시험을 예방하거나 벗어나는 길은 깨어 기도하는 것입니다(마 26:41; 막 14:38). 기도하기 전에 먼저 깨어 있는 것(keep watch; 미끼가 있음직한 상황인지를 면밀히 지켜봄)이 중요합니다. 먼저 기도하고 깨어있게 되면 우리 인내를 떠보시는 하나님의 시험(무응답/지연응답)에 걸려, 무응답의 책임을 하나님께 떠 넘겨 하나님을 시험하는 꼴이 됩니다.
5) 우리의 영생을 챙기는 이 마지막 간구는 이런 기도이기도 합니다.

"우리를 버려두지 마시옵소서. 잠시도 가만히 놔두지 마시옵고 끈질기게 고통과 귀찮음에 시달려 잠들지 못하도록 집적거려 주시옵소서. 혹 우리가 잠들어 있다면 아프게 꼬집어 사망의 잠에서 깨우소서. 아멘."

생각거리

- 이스라엘 백성이 물 때문에 모세와 다투는 것이 어떻게 여호와를 시험하는 것이 됩니까?(출 17:1, 2)
- 아나니아와 삽비라의 죄(행 5:9)가 왜 성령님을 시험하는 죄일까요?

제107문답

주님의 영광이 영원하소서!

문. 주기도의 결론이 우리에게 주는 교훈은 무엇입니까?

답. 주기도의 결론, 곧 "나라와 권세와 영광이 아버지께 영원히 있사옵나이다. 아멘"은 우리들이 기도에서 오직 하나님으로부터 오는 격려만을 취할 것과,ᴬ 나라와 권세와 영광은 오직 하나님께만 속한 것으로 알아, 우리의 기도에서도 하늘 아버지를 찬송할 것,ᴮ 그리고 우리가 아뢴 소원의 진정(眞正)함과 기도 응답 확신의 증거로 "아멘"ᶜ 하는 말로 끝맺을 것을 배웁니다.

Q. What doth the conclusion of the Lord's Prayer teach us?

A. The conclusion of the Lord's Prayer (which is, For Thine is the kingdom, and the power, and the glory, for ever. Amen) teacheth us to take our encouragement in prayer from God only,ᴬ and in our prayers to praise him, ascribing kingdom, power, and glory to him;ᴮ and in testimony of our desire, and assurance to be heard, we say, Amen.ᶜ

A 단 9:4, 7-9, 16-19.
B 대상 29:10-13, 특히 11절("여호와여 위대하심과 권능과 영광과 승리와 위엄이 다 주께 속하였사오니 천지에 있는 것이 다 주의 것이로소이다. 여호와여 주권도 주께 속하였사오니 주는 높으사 만물의 머리이심이니이다").
C 고전 14:16; 계 22:20, 21.

해 설

1. 주영일념(主榮一念)

이 대원칙은 기도의 시종은 물론 전 과정을 통해서 하나님의 절대적 주권과 영광(하나님의 대표적 속성)만을 염두에 두라는 것입니다. 이렇지 않으면 자의적(恣意的) 기도이며 이는 하나님 앞에 가증한 기도입니다. 주님의 말씀에 귀를 돌려 외면했기 때문입니다(잠 28:9). 결론에서는 하나님의 지고하심을 고백하여 하나님의 위대하심을 찬양함은 모든 기도의 필수 요소이며, 하나님께서 원하신다고 친히 가르치고 계십니다. 이 결론이 교훈하는 바는,

1) "기도에서"(in prayer)는 '기도의 전 과정', 곧 '기도 생활에서'를 말하는 것이니, 응답으로 주어지는 고무(시 138:3)와 격려(특히 용기, 의욕, 위로 등)가 하나님께로부터 온 것이 아닐 수도 있음을 암시합니다(요일 2:16 하). 기도 응답의 근원을 분별하는 지혜의 필요성을 강조하는 대목입니다.

2) "우리가 기도하는 동안에도, 또는 기도할 때마다" 하나님의 훌륭하심을 시인하고 감사하는 진심 어린 찬송을 빠뜨리지 말 것입니다. 우리 기도에서도 말로, 가슴으로, 하나님을 영화롭게 하여 찬송하라는 것입니다.

3) 우리가 기도한 모든 내용이 건성이 아니라 실답고 참다운 것임과 아버지께서 들으시고 응답해 주실 것을 다짐하는 증거로 반드시 "아

멘"으로 마치라는 것입니다. "아멘"은 참되고 확실하다는 뜻입니다(진실로, 요 3:3, 5, 11). "여호와께서는 자기에게 간구하는 모든 자 곧 진실하게 간구하는 모든 자에게 가까이 하시는도다. 그는 자기를 경외하는 자들의 소원을 이루시며 또 그들의 부르짖음을 들으사 구원하시리로다"(시 145:18-19)라는 말씀의 약속을 믿고 의지하는 고백으로 하는 아멘입니다.

2. 우리는 우리가 구하는 것을 잘 알고(마 20:22), 우리의 간구는 실존적이며 현실적 필요에 의한 절실한 간구로서 진실입니다. 응답해 주시리라는 확신도 주님의 언약과 말씀에 의해서 격려와 확신을 얻습니다(시 138:3, "내가 간구하는 날에 주께서 응답하시고 내 영혼에 힘을 주어[격려하여] 나를 강하게 하셨나이다")

생각거리

- "사탄도 교회의 유익을 위해 일한다"라는 말을 어떻게 이해할 것입니까?
- 기도와 깨어 있음 중 어느 것이 급선무입니까? 그 이유는 무엇입니까?

참고 문헌

THE CONFESSION OF FAITH; THE LARGER AND SHORTER CATECHISM, WITH THE SCRIPTURE PROOF AT LARGE; TOGETHER WITH THE SUM OF SAVING IKNOWLEDGE. ⓒ F. P. Publications. 1981. Printed by John G. Eccles Printers Ltd. Inverness. First Printed. 1976.

『웨스트민스터 신앙고백』. 생명의말씀사. 1986.

Berkhof, L Manual of Christian Doctrine. Wm. B. Eerdmans Publishing Company. Grand Rapid. Michigan. 1976.

Williamson, G. I. The Shorter Catechism Vol. 1 and 2. Presbyterian and Reformed Publishing Co. Phillipsburg. New Jersey. 1970.

Williamson, G. I. The Westminster Confession of Faith. Presbyterian and Reformed Publishing Co. Phillipsburg. New Jersey. USA. 1982.

벌코프, 루이스. 권수경, 이상원 역. 『조직신학』상. 크리스챤다이제스트. 1999.

윌리암슨, G. I. 최덕성 역. 『소교리 문답강해. 개혁주의신행협회. 1978.

켄달, R. T. 장광수(1권), 신경수(2권), 원광연(3권) 역. 『조직신학 요약설교』. 크리스챤다이제스트. 2003.

대한예수교장로회 총회 교육부.『구역공과: 웨스트민스터 소요리문답』I, II. 2005.

박원석. 『한영 소요리 문답과 해설』. 한국문서선교회. 2004.

박윤선. 『개혁주의 교리학』. 영음사. 1989.

빈센트, 토마스. 홍병창 역. 『성경 소요리 문답 해설』. 여수룬. 2004.

성종현. 『웨스트민스터 소요리문답』. 솔로몬. 1996.

이동희. 『웨스트민스터 소요리문답 이해와 적용』. 도서출판 동서남북. 1999.

최낙재. 『웨스트민스터 소요리문답 강해』 I, II. 크리스챤다이제스트. 1999.